Nicole Nieraad-Schalke

INGELHEIM

zum Verlieben

*Orte, Menschen,
Stadt(er)leben.*

99 Tipps

LEINPFAD
VERLAG

Konzept, Redaktion: Angelika Schulz-Parthu

Fotos: VDP/Schloss Westerhaus (S. 13), Rainer Oppermann (S. 27, 91),
Angelika Schulz-Parthu (S. 31), Wiesenobst GbR/Markus Kirn (S. 37),
„rheinwelle" – Die rheinhessische Wasserwelt (S. 47), Forschungsstelle
Kaiserpfalz Ingelheim, Holger Grewe, Stadtverwaltung Ingelheim (S.
57), Forschungsstelle Kaiserpfalz Ingelheim, Bejamin May, Stadtverwaltung Ingelheim (S. 73), Museum bei der Kaiserpfalz (S. 71, 145 oben:
Foto Albrecht Haag; 145 unten: Foto Dr. Isabel Kappesser), Fünfund-
sechzig07 Spirits GbR (S. 97), Torsten Zimmermann (S. 105), Pizzeria
Capri (S. 107), Michael Bellaire (S. 111), F!F/Peter Zantopp-Goldmann
(S. 115), Eulenmühle (S. 121), Showtanzgruppe „Just 4 Fun" (S. 121),
Eurofolkfestival/Olaf Ellrich (S. 125), Petra Goldmann (S. 131), Internationale Tage Boehringer Ingelheim/Harald Richter (S. 133), Stadtverwaltung Ingelheim (S. 181), Christine Tscherner (S. 187), Wolfgang Emmerling (S. 191), ICV/Steffen Kohler (S. 193);
alle anderen Fotos stammen von Nicole Nieraad-Schalke

Umschlag: Ursula S. Kosa, Ingelheim, unter Verwendung von Fotos von
Rainer Oppenheimer (rechte Spalte, oben), Horst Göbel (2. Reihe von
unten, Mitte), Regine Tannhäuser & Forschungsstelle Kaiserpfalz Ingelheim (rechte Spalte, 2. Foto von oben) und von Nicole Nieraad-Schalke

Layout: Leinpfad Verlag, Ingelheim
Druck: wolf print, Ingelheim

Leinpfad Verlag, Leinpfad 5, 55218 Ingelheim,
Tel. 06132/8369, Fax: 896951
E-Mail: info@leinpfadverlag.de
www.leinpfad-verlag.de

ISBN 978-3-945782-56-9

Inhalt:

Wie wird aus einem ganz normalen Ort ein Ort, in den man sich ver- lieben kann?

Durch seine Schönheit und/oder durch die Emotionen, die er auslöst.

Ein altes Gemäuer berührt uns durch seine Schönheit, berührt uns durch die Ausstrahlung von Geschichte.

Oder wir werden angerührt von der Schönheit eines alten Hand-werks oder durch die Arbeit mit sehr guten Grundstoffen, einer-lei, ob es sich um die besondere Mehlmischung für einen Pizza-teig handelt oder um den Filz als Material einer Hutmacherin.

Weiterhin durch den innigen Ausdruck religiöser Traditionen.

Oder durch Denkmäler, denen man ansieht, wie sehr sie geliebt werden: Stellenweise ist die Bronze völlig blank gestreichelt.

Oder ganz allgemein gesagt: durch das Kunstschöne und das Naturschöne.

Oder ganz im Gegenteil durch das allein und in der Stille genos-sene Naturerlebnis.

Oder durch das Gemeinschaftserlebnis im Fußballstadion oder beim Open Air-Konzert.

Denn letztlich sind es immer auch die Menschen, die etwas lie-bevoll wahrnehmen oder bei etwas engagiert mitarbeiten und dadurch einen gewöhnlichen Platz – nein, eine ganze Stadt! – zu einem Ort zum Verlieben machen.

Angelika Schulz-Parthu, Leinpfad Verlag

Vorwort

Wer unterm Sternenhimmel einem Sommerkonzert in der Kaiserpfalz lauscht, das romantische Seufzerpfädchen entlangschlendert oder bei den „Lichtblicken im November" dem Wein- und Kunstgenuss frönt – der spürt vielleicht ein erstes Herzflattern. Doch zum Verlieben gehört mehr! Zuneigung wächst, wenn man sich in all seinen Facetten kennen lernt. Wenn man Verständnis füreinander entwickelt, sich gemeinsam amüsiert und seine Geschichten miteinander teilt.

Dieser charmante Stadtführer nimmt Sie daher mit zu 99 Lieblingsorten. Zu Orten, die begeistern. Zu Orten, die überraschen. Und zu Orten, an die man sein Herz verliert. Sie werden Künstlerateliers betreten und durch die Zeit reisen, Revolutionären nachspüren, edle Weine kosten und im buddhistischen Tempel meditieren, auf Mountainbikes durch den Wald brettern und am Rhein Sandburgen bauen. Gleichzeitig werden Sie dazu angeregt, sich Ingelheim mit neugierigen Blicken zu nähern und Ihre eigenen Lieblingsorte zu küren.

Ingelheim ist voll von bewundernswerten Initiativen, die geprägt sind von einer Liebe zur Stadt, zur Natur und zu den Menschen. Durch die Arbeit an diesem Buch durfte ich viele inspirierende Begegnungen machen, neue Plätze aufspüren und alte Orte in einem frischen Licht betrachten. Ich habe mich selbst wieder neu in meine Heimatstadt verliebt. So hoffe ich, dass auch Sie Ingelheims liebenswerte Seiten entdecken – und sich ebenfalls in die geschichtsträchtige wie kreative Rotweinstadt verlieben …

Nicole Nieraad-Schalke

Tor zur Vergangenheit
Das Zuckerbergtor

Wer sich auf dem Nieder-Ingelheimer Zuckerberg auf Spurensuche begibt, der entdeckt immer wieder hohe Mauerreste. Diese wirken wie aus der Zeit gefallen – und das sind sie auch. Es sind die baulichen Relikte einer Wehrmauer, die seit dem Spätmittelalter das südlich erweiterte Kaiserpfalzgebiet umschloss und vor Angriffen schützen sollte. Von den Wehrtürmen ist nur noch der massive Stumpf des sogenannten Bolanderturms erhalten.

Wo im Mittelalter Kaiser*innen und König*innen gewirkt hatten, siedelten ab der Frühen Neuzeit Kleinbauern-, Handwerks- und Tagelöhnerfamilien. Sie nutzten die ehemaligen Kaiserpfalzgebäude als Baumaterial oder funktionierten ganze Mauerteile zu Elementen ihrer bescheidenen Häuschen um. Johann Wolfgang von Goethe (1749–1832) schrieb nach seinem Ingelheim-Besuch 1814: „Karls des Großen Palast fanden wir halb zerstört, zerstückelt, in kleine Besitzungen verteilt".

Diese kleinteilige, verwinkelte Atmosphäre macht den Zuckerberg heute zu einem Ort für Eingeweihte. Wer sich dorthin verirrt, wird von liebevoll restaurierten Häusern und verwunschenen Wegen überrascht. So führt der schmale Brunnenpfad auf eine Fantasiereise in vorindustrielle Jahrhunderte, als die Wäsche zwischen Hühnern und Schweinen baumelte und in Mini-Werkstätten gehämmert wurde. Am Ende des Pfads wartet das idyllischste Plätzchen des Ortes: das rundbogige Zuckerbergtor. Gegenüber des Tors befindet sich ein winziges, öffentliches Gärtchen. Bereits während sich der oder die Umherspazierende auf der Holzbank niederlässt, schweift der amüsierte Blick über das rötliche Anwesen linkerhand. Die Anwohner*innen haben das Häuschen, das direkt an die historische Wehrmauer angebaut wurde, liebevoll mit nostalgischem Zierrat und leuchtenden Blüten dekoriert. Zart bemalte Porzellankannen drängen sich auf der Fensterbank dicht an dicht, zinnene Gießkannen reihen sich neben romantisch bepflanzten Blumenkästen ein. Als wäre diese Mischung aus Geschichte und Wohnzimmerstube nicht schon attraktiv genug, versteckt sich hier für kleine Entdecker*innen oft noch eine süße Leckerei – wie passend für einen Ort mit dem verheißungsvollen Namen Zuckerberg.

Zuckerbergtor, zwischen Zuckerberg 6 und Zuckerberg 19
Buslinien 611, 619, 620, Haltestelle Nieder-Ingelheim, F.-Lachenal-Platz

Alter Adel, edle Weine
Schloss Westerhaus

Mitten im Rebenmeer, am Hang des Ober-Ingelheimer Westerbergs, thront das imposante Schloss Westerhaus. Um 1190 erstmalig erwähnt, gehörte das Hofgut ab Mitte des 14. Jahrhunderts dem Adelsgeschlecht derer von Ingelheim, die die Geschicke der Dörfer Ober- und Nieder-Ingelheim über Jahrhunderte mitlenkten. Um 1800 trennte sich die Adelsfamilie vom Gutshof, der sich anschließend für rund 100 Jahre in wechselnden Privathänden befand.

1900 erwarb der Rüsselsheimer Nähmaschinen-, Fahrrad- und Automobilfabrikant Heinrich Opel (1873–1928) den Westerhäuser Hof mit seinen umschließenden Weinbergen und ließ dort ein ausgedehntes Pferdegestüt (1919–1932) sowie ein beeindruckendes Schlossensemble (1922–1927) errichten. Vor allem der Mansarddachbau mit seinem krönenden „Dachreiter" strahlt weit ins Selztal hinein.

1928 übernahm Irmgard von Opel (1907–1986) die Leitung des Ingelheimer Hofguts. Die passionierte Sportlerin stellte den deutschen Rekord im Hochsprung auf, unternahm eine abenteuerliche Motorradtour zur Weltausstellung 1929 in Barcelona und gewann 1934 als erste Frau das Deutsche Springderby. Zu ihrem Besitz gehörte auch das pfälzische Hofgut Petersau, wo ihr Sohn Carlo von Opel (geb. 1941) 1962 die weltbekannte Firma „Chio Chips" gründete. „Chio" setzt sich aus den Initialen von Carlo, Heinz und Irmgard von Opel zusammen, und verweist zugleich auf die Abkürzung des Pferdesportturniers „Concours Hippique International Officiel".

Irmgard von Opels zweiter Sohn Heinz (1943–2006) übernahm 1979 die Führung des Ingelheimer Hofguts. Heute wird das Prädikatsweingut in vierter Generation von seiner Tochter Ivonne Gräfin von Schönburg-Glauchau und ihrem Mann Johannes Graf von Schönburg-Glauchau geleitet. Die 70 % Burgunder und 30 % Riesling zählen zur deutschen Spitze, werden auch international vermarktet und sind somit ein wunderbarer Botschafter der Ingelheimer Weinkultur. Zu Jahrgangsproben oder Konzerten des Rheingau Musik Festivals öffnen sich die Schlosstore für alle Liebhaber*innen stilvollen Genusses. An Pfingsten lockt das Hoffest mit Live-Jazz und köstlichen Leckereien viele Familien auf die herrlichen Schlosswiesen.

Westerhausstraße 1
www.schloss-westerhaus.de
Leider nicht mit dem ÖPNV erreichbar.

Nächtliche Zeitreise
Uffhubtor und Altes E-Werk

Besonders bei Nacht bilden die beiden benachbarten Denkmäler ein fast magisches Geschichtsensemble: das „Uffhubtor" aus dem 14./15. Jahrhundert sowie das Elektrizitätswerk von 1906.

Der Baubeginn der Ober-Ingelheimer Ortsbefestigung liegt (noch) im Dunkeln. Die spätmittelalterliche Wehrmauer mit ihren sieben Toren umschloss und schützte insbesondere die Höfe der vermögenden Adelsfamilien, die u.a. im Umkreis der Edelgasse residierten. Wollten Mainzer Besucher*innen das Dorf Ober-Ingelheim betreten, mussten sie zunächst das „Uffhubtor" durchqueren. Schon vor 1401 stand dort ein Tor aus rheinhessischem Kalkbruchstein, dessen Seitenteile sowie die spitzbogige Durchfahrt noch immer erhalten sind. Aus (heute verdeckten) Scharten konnten die Ober-Ingelheimer Schützen mit Armbrüsten auf unerwünschte Eindringlinge zielen. In der zweiten Hälfte des 15. Jahrhunderts wurde die gesamte Dorfbefestigung modernisiert und den neu aufgekommenen Feuerwaffen angepasst. Das „Uffhubtor" wurde um ein Wehrgeschoss mit zwei runden Ecktürmchen ergänzt, aus denen die Verteidiger nun mit Handfeuerwaffen schießen konnten. Zudem konnten Belagerer aus dem Wurferker („Pechnase") mit Steinen beworfen oder mit heißen Flüssigkeiten übergossen werden. Neben der Verteidigungsfunktion diente das „Uffhubtor" bis etwa 1800 zudem als ungeliebter Kontrollpunkt: Hier mussten die Ober-Ingelheimer Weinbauern ihre Traubenernte zur Abgabenerhebung registrieren lassen.

Erst Anfang des 19. Jahrhunderts wurde die Wehrmauer südlich des „Uffhubtors" abgetragen, als der Neuweg 1826–1831 in Richtung Großwinternheim verlängert wurde. Die nördliche Mauer zum Malakoffturm (s. S. 164) wurde mit Erdreich bedeckt, als das Elektrizitätswerk 1904-1906 errichtet wurde. Der imposante Jugendstilbau umfasste eine geräumige Maschinenhalle mit eleganten Rundbogenfenstern und eine Maschinistenwohnung, geschmückt mit Zierfachwerk und Dachreiter. Der Bau des E-Werks – das Ober-Ingelheim die elektrische Straßenbeleuchtung schenkte – war übrigens der erste öffentliche Großauftrag für das 1884 gegründete Ingelheimer Bauunternehmen Gemünden.

Hesselweg 5
Buslinien 618, 640, 643, 75, Haltestelle Ober-Ingelheim, Neuweg

Vom kirchlichen Segen zum weltlichen Vergnügen

Das Gasthaus „Zur Pfalz"

Als das Hochwasser im Februar 1784 fast ganz Frei-Weinheim mit sich riss, blieben nur fünf von insgesamt etwa 40 Häusern vor der völligen Zerstörung verschont – und das Gebäude in der Dammstraße 2 war eines davon. Drei Jahrzehnte zuvor war es von der lutherischen Gemeinde als kleine Kirche errichtet worden und hielt aufgrund seiner massiven Steinbauweise den Fluten stand. Ein lateinischer Gedenkstein erinnert noch heute an den kirchlichen Gründungsbau aus dem Jahr 1753.

Anfang des 19. Jahrhunderts wandelte sich die Funktion des vormals sakralen Gebäudes gravierend. Einer der einflussreichsten Frei-Weinheimer Bürger, Nikolaus Schaurer (1795–1880, Bürgermeister 1847–1873), erwarb das marode Gebäude 1828 für 326 Gulden und widmete es den weltlichen Vergnügungen des Schmausens und Feierns. Im Erdgeschoss richtete Schaurer 1837 die Gaststätte „Zur Pfalz" ein, der ein beliebter Tanzsaal im Obergeschoss sowie ein schattiger Biergarten unter alten Platanen angegliedert waren.

Nikolaus Schaurer war durch den rheinischen Holzhandel zu Wohlstand gelangt. Denn während die Region um Ingelheim historisch reich an Wein war, litt sie gleichzeitig an Holzarmut. In Schaurers Bruchsteinscheunen, die an die Gaststätte „Zur Pfalz" angrenzten, fanden bis zu 20 Pferdegespanne Platz. Diese transportierten das am Frei-Weinheimer Hafen angeschiffte Holz zu Bauherren in ganz Rheinhessen.

Das ehemalige Gasthaus „Zur Pfalz" steht heute unter Denkmalschutz und wird kommerziell genutzt. Die Schaurer'sche Holzlagerscheune wurde zu Wohnungseinheiten (Rheinstraße 138) ausgebaut und begeistert Spaziergänger*innen bis in den Herbst hinein mit einer grandiosen Geranienpracht. Wappen der Ingelheimer Partnerstädte Autun (Frankreich), Stevenage (England), San Pietro (Italien) und Neisse (Polen) schmücken das grundsanierte Fachwerkobergeschoss. Ein zartes Glockenspiel klingt täglich um 11, 17 und 20 Uhr durch die umliegenden Gässchen. Doch trotz aller Idylle: Noch heute sind die Hochwassermarken am Gebäude sichtbar, die Frei-Weinheims ständige Gefährdung durch den Rhein demonstrieren.

Dammstraße 2
Buslinien 611, 618, Haltestelle Frei-Weinheim, Talstr./Fähre

Wohnalltag der kleinen Leute
Das Fischerhaus

Lebensbeschreibungen gekrönter Häupter und herausragender Persönlichkeiten gibt es viele. Doch wie sah der Alltag der rheinhessischen Unterschicht aus? Wie wohnten sie, von welchen Tellern aßen sie, womit verdienten sie ihren bescheidenen Lebensunterhalt? Seit 2016 beleuchtet das sogenannte Fischerhaus in Frei-Weinheim diese Fragen für interessierte Besucher*innen.

Frei-Weinheims Boden besteht vor allem aus Moorgrund beziehungsweise Sand und eignet sich daher weder ideal für Ackerbau noch für Viehzucht. Stattdessen lebten die Frei-Weinheimer*innen während des Mittelalters und der Frühen Neuzeit überwiegend von der Schifferei, dem Fischfang, von Eisbruch und Rheinhandel. Der Rhein war für die Dorfbevölkerung Arbeitsplatz und Gefahr zugleich: Bei der schlimmsten Hochwasserkatastrophe im Februar 1784 wurden 35 von 40 Häusern zerstört, zudem ertrank jedes zweite Nutzvieh. Zum Schutz vor künftigen Überschwemmungen wurde daraufhin der heute noch existierende Damm errichtet und Steine ersetzten den Lehm als wichtigstes Baumaterial.

Als das so genannte Fischerhaus um 1850 errichtet wurde, griff man daher auf Bruchkalksteine zurück. 1890 wurde es um einen scheunenartigen Anbau ergänzt und das Dach wurde angehoben. Die männlichen Bewohner des Hauses verdingten sich unter anderem als Tagelöhner, Fischer, Korbflechter und Schuster. Zeitweise lebten bis zu 20 Familienmitglieder gleichzeitig in den drei Stübchen auf 45 Quadratmetern – mit Plumpsklo im Hof. Doch trotz des geringen Wohlstands bemühten sich die Hausbewohner*innen um bescheidene Wohnqualität: Die Wände waren farbig in Orange (Küche) und Ultramarin (Stube Obergeschoss) bemalt und mit ornamentalen Mustern bedruckt.

Nach über 20 Jahren des Leerstands wurde das Fischerhaus ab 2011 mit Unterstützung der Stadt Ingelheim (heutige Eigentümerin) und der Initiative Frei-Weinheim fachgerecht restauriert. Seit 2019 steht es unter Denkmalschutz. Detailverliebt eingerichtet mit zeittypischen Möbeln, Geschirr, Spielzeug, Büchern und Werkzeug, erlaubt das „Mini-Museum" den Besucher*innen nun einen lebendigen Einblick in den Wohnalltag der einfachen Frei-Weinheimer*innen zwischen 1850 und 1950.

Schubertstraße 5
http://initiative-frei-weinheim.de/Fischerhaus.php (Vereinbarung von Besichtigungsterminen)
Buslinien 611, 618, Haltestelle Frei-Weinheim, Talstr./Fähre

6 Vergangene Eisenbahnromantik im Selztal

Der „Zuckerlottchen"-Bahnhof in Großwinternheim

50 Jahre lang zuckelte die kleine Selztalbahn zwischen Frei-Weinheim und Partenheim hin und her. Ihre Einweihung am 23. Oktober 1904 war ein großes Ereignis: „Bei jedem Halt gab es einen Empfang mit Böllerschüssen, Gesangsdarbietungen der örtlichen Vereine und Ehrenjungfrauen, die Wein und Blumengebinde überreichten." Der Inbetriebnahme durch die Süddeutsche Eisenbahngesellschaft (SEG) waren langjährige Verhandlungen zwischen Frei-Weinheim, Ober- und Nieder-Ingelheim, Großwinternheim, Schwabenheim, Stadecken, Elsheim, Jugenheim und Partenheim vorangegangen. Ab 1902 wurden – zusätzlich zum Schienennetz – Bahnhöfe und Haltestellen, zwei Lokschuppen und 13 Brücken, ein Betriebswerk und Zufahrtstraßen gebaut. 1905 folgte der Ausbau des Frei-Weinheimer Umschlaghafens, der einen modernen Dampfkran erhielt. Vom Rheinhafen sowie vom Ingelheimer Bahnhof transportierte die Bahn v.a. Dünger, Saatgut und Kohlen in die entlegeneren Selztaldörfer. Auf dem Rückweg beförderte sie Wein, Kartoffeln, Heu, Hühner und (im Spätherbst) insbesondere Zuckerrüben. So wurde die Bahn neckend „Zuckerlottchen" genannt. 1928 war ihr erfolgreichstes Jahr: Sie transportierte 78.282 Tonnen Güter und 207.606 Personen durchs Selztal.

Doch ab 1930 wurde der Personenverkehr zwischen Frei-Weinheim und Partenheim größtenteils auf Omnibusbetrieb umgestellt. Im Laufe der nächsten 20 Jahre lohnte sich die Unterhaltung des „Zuckerlottchens" für die SEG immer weniger, so dass sie 1954 – trotz großen Protests – die 50-jährige Konzession auslaufen ließ. Nach und nach wurde das Schienennetz zurückgebaut. Auf einem Teil der Trasse verläuft heute der Selztal-Radweg. Das „Zuckerlottchen" benötigte rund eine Stunde für die 21,46 Kilometer lange Gesamtstrecke – geübte Radfahrer*innen werden diese Zeit unterbieten. Die Bahnhöfe wurden abgerissen (z.B. Ingelheim-Süd), zum Kindergarten umfunktioniert (Schwabenheim) oder befinden sich in Privatbesitz (z.B. Frei-Weinheim, Großwinternheim). Im Depot des Museums bei der Kaiserpfalz in Nieder-Ingelheim harrt ein handgefertigtes Modell des „Zuckerlottchens" auf künftige Präsentationsmöglichkeiten.

Am Zuckerlottchen 4, Großwinternheim
Buslinien 640, 643 und 75, Großwinternheim, Haltestelle Schlossbergstr.

Von edlen Rittern hoch zu Ross

Die Obentraut'schen Hofanlagen in Großwinternheim

Großwinternheims blaublütige Vergangenheit hängt eng mit der Nieder-Ingelheimer Kaiserpfalz zusammen, die im 8. Jahrhundert erbaut wurde. Privilegierte „Königsfreie", die zu besonderen Königsdiensten verpflichtet waren, siedelten sich in Großwinternheim an und gaben dem Dorf sein wohlhabendes Antlitz. Davon zeugen noch immer die Reste der massiven Wehrmauern, die mit Wehrgraben und eindrucksvollen Toranlagen ausgestattet waren. Aus den Familien dieser „Königsfreien" entwickelten sich im Laufe des Mittelalters bedeutende und vermögende Adelsgeschlechter, die sich vor Ort eindrucksvolle Gutshöfe errichten ließen.

Im 16. und 17. Jahrhundert bestimmte vor allem das Rittergeschlecht von Obentraut die Geschicke Großwinternheims. Ihr Besitz erstreckte sich über 200.000 Quadratmeter und umfasste auch die Eulenmühle an der Selz (s. S. 120). Mehrere Familienmitglieder amtierten als Schultheiße und Schöffen des Reichsgerichts. Die Ritter von Obentraut residierten ab 1609 in einem herrschaftlichen Renaissancebau, der noch heute durch seinen auffälligen Treppengiebel sowie die doppelläufige, aufwendig dekorierte Treppe zum Eingangsportal besticht. Dahinter befindet sich die ehemalige Zehntscheune des Ortes, in der die Naturalsteuer („Zehnt") angenommen und aufbewahrt wurde. Die repräsentative Lagerhalle wurde im 19. Jahrhundert aufgestockt. Beide Gebäudeteile – Wohn- und Wirtschaftstrakt – sind durch einen Treppenturm mit eleganter Zwiebelhaube aus Schiefer verbunden.

Der „echte Deutsche Michel" soll übrigens ein enger Verwandter der Großwinternheimer Adelsfamilie Obentraut gewesen sein. Bereits 1541 war in einem Sprichwörterbuch vom „Deutschen Michel" die Rede, der schlafmützig und tölpelhaft auftrat. Doch Johann Michael Elias von Obentraut (1574–1625) sorgte der Legende nach für einen Imagewandel. Er kämpfte als kühner Leutnant im 30-jährigen Krieg auf protestantischer Seite und fiel im Gefecht. Schon zu Lebzeiten soll Obentraut für seinen Mut und seine Treue derart geschätzt worden sein, dass ihm der – nun respektzollende – Beiname „Deutscher Michel" verliehen worden wäre.

Obentrautstraße 1, Großwinternheim
Buslinien 640, 643, 75, Haltestelle Großwinternheim, Schlossbergstr.

Wechselvolle Geschichte
Die Heidesheimer Schlossmühle

1577 ließ Heinrich von Stockheim (gest. 1588), Heidesheimer Amtmann und Mainzer Domkantor, den prachtvollen Renaissancebau mit steilem Schieferdach, hohen Wellengiebeln und Kapelltürmchen errichten. Der schlossartige Wohn- und Amtssitz beherbergte – höchst ungewöhnlich – im Erdgeschoss eine wasserbetriebene Mühle.

Wahrscheinlich wurde das Gebäude während des 30-jährigen Kriegs (1616–1648) beschädigt und wieder aufgebaut. 1677 fiel die Schlossmühle mitsamt ihrer ausgedehnten Ländereien in die Hände des Mainzer Erzbischofs Damian Hartard von der Leyen (1624–1678). In napoleonischer Zeit (1797–1814) wurde das vornehme Anwesen verstaatlicht. Schnell wechselten sich die Eigentümer ab, bis die Schlossmühle 1866 von dem Heidesheimer Gutsbesitzer August Krebs (1825–1905) erworben wurde, dessen Familie auf dem Gelände über 50 Jahre lang Landwirtschaft sowie zwei (oder drei) Mühlen betrieb.

Zu Beginn des 20. Jahrhunderts wechselte das mittlerweile marode Hofgut – das inzwischen seinen Wassermühlenbetrieb eingestellt hatte – erneut mehrfach den Besitzer. Erst der vermögende Wiesbadener Hofapotheker Max Holländer (1876-1941) modernisierte die Schlossmühle ab 1920 und richtete sie zu seinem herrschaftlichen Wohnsitz her. Allerdings litt er ab 1933 aufgrund seines jüdischen Glaubens stark unter antisemitischer Diskriminierung: Er wurde mehrfach interniert und 1938 gewaltsam gezwungen, seinen umfangreichen Heidesheimer Besitz der Gemeinde zu „schenken". Im Exil in den USA verstarb Max Holländer 1941. Seiner Witwe Johanna (1881-1969) wurde die Schlossmühle nach Kriegsende wieder zugesprochen, zudem musste die Stadt Heidesheim 100.000 DM Wiedergutmachung leisten.

Während Renovierungsmaßnahmen unter dem neuen Eigentümer Boehringer Ingelheim brannte die Schlossmühle 1971 bis auf die Außenmauern ab. Nach geglücktem Wiederaufbau diente das Gebäude dem Pharmaunternehmen als Fortbildungszentrum und Geschäftsstelle der unternehmenseigenen Stiftungen. Seit 2013 befindet sich die Schlossmühle wieder in Privatbesitz. Vor dem Eingangstor erinnern heute zwei „Stolpersteine" an das Schicksal ihrer ehemaligen jüdischen Besitzer.

Am Pfingstborn/Ecke Grabenstraße
Buslinien 619, 620, Haltestelle Heidesheim, Oberdorfstr.

Weihnachtsstimmung bis ins Obere Mittelrheintal

Die „Ingelummer Kerz"

Rotweinrot leuchtet sie während der Adventszeit über Ingelheims Grenzen hinaus: die „Ingelummer Kerz". Diese Nutzung des Bismarckturms erinnert an seine ursprüngliche Funktion, denn er war zunächst als Feuersäule geplant worden. Rheinhessische Fans des 1898 verstorbenen Reichskanzlers Otto von Bismarck hatten um die Jahrhundertwende Spenden gesammelt, um ihm zu Ehren auf dem Westerberg oberhalb von Ober-Ingelheim einen Erinnerungsort zu errichten, der weit ins Rheintal ausstrahlen sollte.

Während der Planungszeit wandelte sich die Feuersäule in einen 31 Meter hohen Aussichtsturm, dessen massive Architektur aus lokalem Sandstein den Mythos des „Eisernen Kanzlers" widerspiegeln sollte. Vor seiner Einweihung 1912 wurde dem Bismarckturm ein Pavillon mit Kuppeldach aufgesetzt. Aus Kostengründen musste daraufhin auf den Bau einer monumentalen Bismarckstatue verzichtet werden. Dafür befindet sich seit der Grundsteinlegung 1907 im Turmfundament ein eingemauerter Originalbrief von Bismarck persönlich. Mutige Kletterer*innen sollten den Aufstieg der Wendeltreppe im dunklen Turminneren nicht scheuen, denn die 114 Stufen scheinen frei zu schweben – und sorgen für so manches flaue Bauchgefühl. Doch auf der Aussichtsplattform öffnet sich anschließend ein sensationelles Panorama. Man schweift mit dem Blick über die Erhebungen des Mainzer Bergs, des Rheingaus und des Taunus ebenso wie über die sanften Täler von Rhein, Nahe und Selz. Unter der Leitung des Stadtmarketingvereins „Lebenswertes Ingelheim" verwandelt sich der Bismarckturm seit 2002 jährlich zu einem weihnachtlichen Blickfang: Er wird zur rot illuminierten „Kerze", die von einer sechs Meter hohen LED-„Flamme" gekrönt wird. Bei stimmungsvoller Live-Musik und dem ersten Glühwein der Saison wird die „Ingelummer Kerz" am Freitag vor dem Ersten Advent auf dem Sebastian-Münster-Platz per Fernsteuerung festlich „entzündet" – und leuchtet dann bis Anfang Januar als Ingelheimer Weihnachtswahrzeichen.

TIPP: *Die Umgebung eignet sich ideal zum Wandern, Feuerwerkbestaunen und Genießen (Bergrestaurant/Café „Waldeck" mit echten Tigern).*

Waldeck 1
Leider nicht mit dem ÖPNV erreichbar.

Rüber auf die „eebsch Seit"
Die Rheinfähre Maul

Frei-Weinheim spielte als Hafensiedlung schon in römischer Zeit eine kleine Rolle. Mit Gründung der fünf Kilometer entfernten Kaiserpfalz in Nieder-Ingelheim im 8. Jahrhundert wuchs die Bedeutung des Hafenörtchens an. Manch königlicher Besuch ankerte hier, darunter Ludwig der Fromme (778–840) oder Otto der Große (912–973). Im Hafen wurden Baumaterialien und Wein verschifft, zudem waren die ansässigen Fischer für die Versorgung der Kaiserpfalz mit Frischfisch zuständig. Schließlich besaß die Frei-Weinheimer Bevölkerung das Monopol für den Fährbetrieb auf die gegenüberliegende Rheinseite.

400 Jahre lang - zwischen etwa 1400 und 1800 - waren die Frei-Weinheimer in einer Fährgenossenschaft zusammengeschlossen. Von Sonnenaufgang bis -untergang mussten abwechselnd sechs Männer in zwei Rheinnachen (Ruderbooten) einen Pendelverkehr anbieten. Alle Bürger waren Miteigentümer der Boote und zahlten in einen gemeinsamen Reparaturfonds ein. Unter französischer Verwaltung (1797–1814) wurde die Frei-Weinheimer Fährgenossenschaft jedoch aufgelöst und das Fährprivileg gelangte in Staatsbesitz.

Nach einer kurzen Blütezeit während der Industrialisierung dient das Frei-Weinheimer Hafengelände heute fast nur noch dem Freizeitvergnügen. 1968 übernahm Familie Maul, deren Schiffertradition bis ins 16. Jahrhundert zurückreicht, die Verantwortung für die Verbindung der beiden Rheinseiten. Damit ist die Maul'sche Fähre zwischen Ingelheim und Oestrich-Winkel eine von fünf Autofähren auf der brückenlosen Strecke Mainz-Koblenz. Das Fährschiff „Michael" ist seit 1986 in Betrieb und trägt den Namen des jetzigen Geschäftsführers Michael Maul. An 365 Tagen im Jahr befördert sie rund 600.000 Personen sicher ans andere Ufer. Auch unter den heutigen Passagier*innen sind zuweilen „Blaublüter" zu entdecken, wie Modezar Karl Lagerfeld (1933–2019) oder Queen Mum (1900–2002). Aktuell setzt Michael Maul auf die Möglichkeiten alternativer Antriebe und die Erforschung autonomer Schifffahrt. Eine Fähre, die von selbst über den Rhein schippert – davon hat wohl so mancher mittelalterliche Fährmann in Frei-Weinheim heimlich geträumt.

Fähranleger Mole Frei-Weinheim
http://rheinfaehre.de
Buslinien 611, 618, Haltestelle Frei-Weinheim, Talstr./Fähre

11 Florale Eleganz
Der Blumenladen Gehm

Farbgewaltig und elegant strahlt Traudel Gehms Blumentraum in der Ingelheimer Bahnhofstraße. Das stilvolle Floristik-Fachgeschäft befindet sich in Sichtweite des Bahnhofs, der 1859 errichtet wurde, als Nieder-Ingelheim ans Netz der Hessischen Ludwigsbahn angeschlossen wurde. Auf der Schiene gelangten Reisende und Güter nun vergleichsweise schnell und komfortabel von Ingelheim nach Köln, Frankfurt oder Wien.

Wenige Jahre danach wurde auch die Bahnhofstraße fertig gestellt und führte schnurgerade vom Ober-Ingelheimer Marktplatz zum Bahnhof. Dafür musste die Ortsbefestigung durchbrochen werden, die ab dem 14./15. Jahrhundert das Dorf umschlossen hatte (s. S. 14). Entlang der neuen Bahnhofstraße wurden repräsentative Gebäude errichtet, darunter der Neorenaissancebau „Villa Schneider" (1879, Bahnhofstr. 58), die herrschaftliche Bruchsteinvilla des Weinguts J. Neus (1883, Bahnhofstr. 96) oder der späthistoristische Klinkerbau mit seinem unverwechselbaren Eckturm (1893, Bahnhofstr. 98).

Heute lädt vor allem die untere Bahnhofstraße zum Schlendern und Verweilen ein. Zwischen Sebastian-Münster-Platz (s. S. 102) und Friedrich-Ebert-Platz (s. S. 148) befinden sich gemütliche Cafés und internationale Restaurants, Wohn- und Modeboutiquen sowie der Juwelierkünstler Hubertus Wermann. In dieser belebten Nachbarschaft eröffnete Traudel Gehm 2010 den nach ihr benannten Blumenladen. Seit über 35 Jahren Floristin, ist ihr keine noch so exotische Blume fremd. Auf einer Reise durch Südafrika hat sie besonders die Königsprotea ins Herz geschlossen, die dort als Nationalblüte gilt und das südafrikanische Wappen ziert. Wie rosarote Körbchen sind die außergewöhnlichen Blütenköpfe geformt und bieten sich ideal für moderne Straußkreationen an. Gutes Handwerk und die große Liebe zur Schönheit der Natur bilden das Fundament des Blumenladens, in dem auch florale Gesamtkonzepte für private oder offizielle Festlichkeiten entwickelt werden. Inspirierende Dekorationsartikel, die das Zuhause oder den Arbeitsplatz zu einem schöneren Ort machen, setzen Traudel Gehms Blumenladen das charmante i-Tüpfelchen auf.

Bahnhofstraße 32
Alle Ingelheimer Buslinien, Haltestelle Bahnhof Ingelheim

Einmal Prinzessin sein …
Die „Wedding Lounge Brautmoden"

Schon beim Blick durch die eleganten Schaufenster fangen kleine und große Mädchenaugen an zu strahlen. Das Ambiente der „Wedding Lounge Brautmoden" wirkt wie das perfekte Brautkleid: Helle Schattierungen von strahlendem Weiß wechseln sich mit zartem Elfenbein ab, dazwischen Glitzerakzente und ganz viel Chiffon. Inmitten der Innenstadt eröffnete Deniz Aslan im August 2017 auf über 300 Quadratmetern den ersten und einzigen Ingelheimer Brautkleidhimmel. Seitdem vergrößert sich die Fotogalerie glücklicher Hochzeitspaare, die in der „Wedding Lounge" fündig geworden sind, ständig. Kundinnen aus dem gesamten Rhein-Main-Gebiet kommen nach Ingelheim, um sich für den vielleicht schönsten Tag ihres Lebens von Kopf (Diadem oder Schleier?) bis Fuß (High Heel oder Tanzschuh?) ausstaffieren zu lassen. Deniz Aslan weiß genau, dass mit der Anprobe des Hochzeitskleides für viele Frauen ein Kindheitstraum in Erfüllung geht. So kreiert sie für die künftigen Bräute und deren meist weibliche Unterstützung eine märchenhafte Atmosphäre. Dies beginnt mit einem ersten Schluck Sekt, geht beim genießerischen Schwelgen durch die 300 Kleider aus Tüll, Spitze und Seide weiter und findet seinen Höhepunkt in der Verwandlung zur Braut. Wenn sich der Samtvorhang der Umkleide öffnet, die aufgeregte Heiratskandidatin in einem kostbaren Traum in Weiß aufs Podest steigt und sich zum ersten Mal als Braut im großen Spiegel erblickt – dann spürt Deniz Aslan, warum sie ihren Beruf so liebt. Professionell navigieren sie und ihre Mitarbeiterinnen die oft überwältigten Bräute durch Prinzessinnen-, A-Linien-, Vintage- oder Meerjungfrauenkleider, bis sie „ihr" Kleid gefunden haben.

Wer es nach erfolgreicher Suche vor Hochzeitseuphorie gar nicht mehr abwarten kann: Das Standesamt im Rathaus liegt direkt gegenüber! Aber auch an zahlreichen anderen Orten in Ingelheim kann man sich das Ja-Wort geben: am Heidesheimer Tor in der ehemaligen Kaiserpfalz (s. S. 50), im Trauzimmer in Heidesheim, in einem religiösen Gotteshaus oder gar als freie Trauung im eigenen Garten. Dem Bündnis fürs Leben sind in Ingelheim kaum Grenzen gesetzt.

TIPP: *Hier werden auch Abendkleider für den Abschluss-/Abiball oder die Silvestergala in allen Farben des Regenbogens angeboten.*

Gartenfeldstraße 10
www.weddinglounge.de
Buslinien 612, 613, 618, 75, 640, 643, Haltestelle Nieder-Ingelheim,
Gartenfeldstr./kING

Gentlemen's Dream
„Der Barberknecht"

Was haben kanadische Holzfäller, jamaikanische Rastafari und christlich-orthodoxe Patriarchen gemeinsam? Was vereint den intellektuellen Revolutionär Karl Marx (1818-1883) mit dem griechischen Philosophen Platon (um 428-347 v. Chr.)? Sie alle trugen Bärte. Mit der Form der Gesichtsbehaarung – rasiert, Drei-Tage-Stoppeln, Schnauzer oder Rauschebart – drücken Männer ihre Persönlichkeit aus und geben ein politisches, religiöses, soziales oder modisches Statement ab.

Seit Beginn der 2010er Jahre erlebt der Vollbart ein neues Revival. Ausgehend von der New Yorker Hipster-Bewegung, entwickelte sich der Bart als aktueller Gegentrend zur metrosexuellen, glatt rasierten Wangenpartie. Laut US-amerikanischem Dichter Walter Whitman (1819-1892), natürlich selbst Bartträger, schwören jene Männer auf dichte Gesichtsbehaarung, die sich aktiv den Herausforderungen und Freuden des Lebens stellen.

Zu dieser Spielart moderner Männlichkeit gehört auch die Bartpflege, die man nicht trivial zuhause erledigt, sondern in die Profihände eines Barbiers legt. 2017 öffnete in der Ingelheimer Innenstadt „Der Barberknecht". Daniel Hermes lebt das Barbierhandwerk mit Leib und Seele. In stilvoller Retro-Atmosphäre wird der Bartkult zelebriert, es wird getrimmt, geölt und bisweilen sogar gezwirbelt. Auch auf dem Kopf geht es elegant zu, denn Daniel Hermes und seine Mitarbeiter sind auf klassische Herrenschnitte der 1920er bis 1950er Jahre spezialisiert. Sobald ein Gast auf dem altmodisch-trendigen Barbierstuhl Platz genommen hat, kann er sich entspannt zurücklehnen und für zwei Stunden die Verantwortung abgeben – und das Handy gleich mit.

Im „Barberknecht" herrschen klare Regeln, um bärtigen und bartlosen Gentlemen einen Rückzugsort zu bieten. Zu diesem Regelwerk gehört neben einem expliziten Frauenverbot auch ein explizites Trinkgebot. Läutet die goldene Glocke, gibt es für Gäste einen Schnaps, und auch Bier ist immer kaltgestellt. Im Fernseher läuft der Sportkanal, aus den Lautsprechern dröhnt laute Rockmusik. Ein Besuch beim „Barberknecht" ist definitiv kein gewöhnlicher Friseurtermin, sondern ein Erlebnis mit Testosteron-Anstiegsgarantie.

Friedrich-Ebert-Straße 3
https://derbarberknecht.de
Buslinien 612, 613, 618, 75, 640, 643, Haltestelle Nieder-Ingelheim, Gartenfeldstr./kING

Äpfel vom grünen Patenkind „Dein Ingelbaum"

Ein Rendezvous unter Apfelblüten war vor 50 oder 100 Jahren ebenso reizvoll wie heute. Obstbäume sind im milden Klima Rheinhessens schon lange zu Hause, doch erst vor rund 150 Jahren begannen die Ingelheimer Landwirt*innen, statt Getreide und Kartoffeln großflächig Obst und Gemüse anzubauen. Durch den Anschluss der Region ans preußische Eisenbahnnetz 1859 entstanden neue Transport- und Absatzmöglichkeiten – und die überregionale Nachfrage nach Ingelheimer Produkten stieg rapide an. Auch die Eröffnung der Nieder-Ingelheimer Konservenfabrik (Im Kannengießer) 1912 förderte den Obstbau.

100 Jahre später ist das anders: Die Zahl der landwirtschaftlichen Betriebe nimmt gravierend ab, viele ehemalige Obstfelder liegen brach. Margarete Jost und Markus Kirn (Wiesenobst GbR, Philaroma) entwickelten daher 2016 eine innovative Idee: In der Hoffnung, 777 neue Apfelbäume auf Ingelheimer Feldern pflanzen zu können, starteten sie die Crowdfunding-Kampagne „Ingelbaum". Hunderte Ingelheimer*innen ließen sich von der Vision begeistern, alte Ortstraditionen wieder aufleben zu lassen und durch das Spendenprojekt die regionale Biodiversität zu unterstützen. 2017 wurde der „Ingelbaum"-Kampagne vom Bundesministerium für Ernährung und Landwirtschaft der „Deutsche Innovationspreis Gartenbau" verliehen.

Aus den ursprünglich geplanten 777 „Ingelbäumen" sind mittlerweile fast 2.500 geworden. Jeder gepflanzte Apfelbaum kann 300 Kleinstlebewesen ein Zuhause bieten, bindet CO_2 und versorgt während seines Lebens fünf Familien mit frischen Äpfeln. Obstbauer Markus Kirn verzichtet weitgehend auf Pflanzenschutzmittel und entschied sich daher für krankheitsresistente Vintage-Sorten mit säuerlich-saftigem Geschmack. Über langfristige Baum-Patenschaften können die großen und kleinen Ingelheimer*innen vom Pflanzen bis zur jährlichen Ernte am Leben „ihres" Apfelbaums teilhaben. Der gewachsene Apfel sowie die vorangegangenen Mühen werden dadurch umso mehr geschätzt. Durch gemeinsame Pflanz- und Erntefeste oder naturpädagogische Programme wie das „Grüne Klassenzimmer" ist neues Leben auf dem Obstfeld eingezogen. Einem Date unter „Ingelblüten" steht somit nichts mehr im Weg!

An der L419, gegenüber „rheinwelle – Die rheinhessische Wasserwelt"
https://ingelbaum.de
Buslinien 613, 618, 643, Haltestelle Regionalbad

Spätlese-Abend
Buchgenuss nach Ladenschluss

Wer träumte nicht als Kind davon, abends im Spielzeuggeschäft vergessen zu werden und sich die ganze Nacht durch Legokisten, Puppenhäuser und Elektroautos hindurchspielen zu können? Auch Erwachsene hegen diesen Traum noch immer, doch haben sich meist die Begehrlichkeiten geändert. Simone Carstens, Inhaberin der Buchhandlung Wagner, bietet daher die Veranstaltungsreihe „Buchgenuss nach Ladenschluss" an. Bücherwürmer werden im Leseparadies allein gelassen und können sich für knapp drei Stunden ungestört den Knabbereien, dem Prosecco und natürlich vor allem den Büchern widmen.

Es gibt viele Gründe, sich abends in der „Buchhandlung Wagner" einschließen zu lassen. Vielleicht fehlt tagsüber die Zeit, entspannt über die Buchrücken zu streichen und sich von den einzelnen Titeln ansprechen zu lassen. Vielleicht soll es ein außergewöhnlicher Event mit Freund*innen oder Arbeitskolleg*innen sein, der Raum für neue Gespräche öffnet. Vielleicht spielt auch der Reiz des Ungewohnten, vermeintlich Verbotenen eine kleine Rolle. Auf jeden Fall sind die Ingelheimer Stöbernächte hochbegehrt.

Seit Jahren belegt Ingelheim einen der drei Spitzenplätze, wenn der Börsenverein des Deutschen Buchhandels wieder die eifrigsten Buchkäufer*innen Deutschlands ermittelt. Schon seit 1947 fördert die Buchhandlung Wagner diese Ingelheimer Liebe zum Buch. Bis 1963 verkaufte Magdalena Wagner in einem Bereich des Weinguts Neus (Bahnhofstr. 96) Belletristik und Hochliteratur, Kinder- und Sachbücher. Ihre Nachfolgerin Barbara Franzelin siedelte die Buchhandlung in der Bahnhofstraße 15 an. Seit 2003 ist Simone Carstens nun Inhaberin und kann durch den 2012 erfolgten Umzug an den Friedrich-Ebert-Platz (s. S. 148) heute deutlich mehr Bücher präsentieren. Die einladenden Räumlichkeiten mit kleinem Café haben sich zu einem beliebten Treffpunkt für alle Leseratten aus Ingelheim und Umgebung entwickelt.

Wenn sich der „Buchgenuss nach Ladenschluss" dem Ende entgegen neigt, haben sich neben den Buchliebhaber*innen meist hohe Türme aufgestapelt. Nachdem die literarische Beute nach Hause transportiert wurde, steht einer Lesenacht nun nichts mehr im Weg.

Friedrich-Ebert-Str. 5
www.buchhandlung-wagner.de
Buslinien 612, 613, 618, 75, 640, 643, Haltestelle Nieder-Ingelheim,
Gartenfeldstr./kING

Farbenfrohe Wohlfühloase
Das „Teekännchen"

Wer eine neue Teesorte probieren möchte, ein geschmackvolles Geschenk sucht oder das Warten auf den nächsten Zug gemütlich verkürzen will, ist im „Teekännchen" genau richtig. Die charmant dekorierte Außenfassade lockt Spaziergänger*innen ebenso wie Stammkundschaft ins Innere des kleinen Lädchens mitten in der Fußgängerzone.

Wie der Name vermuten lässt, liegt die Kernkompetenz der Inhaberin Heidi Breiling-Wierczeiko und ihrer Mitarbeiter*innen auf der internationalen Teekultur. Das Repertoire des „Teekännchens" umfasst außergewöhnliche Mischungen und indische Klassiker ebenso wie Sorten aus China, dem Mutterland des Teeanbaus. Ein Highlight vieler Kund*innen ist der „Ingelheimer Rosengarten", ein Rooibostee mit Apfelstücken, Orangenschalen, Rosenknospen und -blüten. Wer mit Hilfe kompetenter Beratung unter den rund 400 verschiedenen Teevariationen seinen Liebling gefunden hat, kann ihn entweder hübsch verpackt mitnehmen oder ihn vor Ort frisch zubereiten lassen. In den roten Sofas und Sesseln der heimeligen Teelounge oder auf der Sommerterrasse dürfen natürlich auch Kaffee-Liebhaber*innen entspannen. Zum absoluten Genuss reichen die Mitarbeiter*innen des „Teekännchens" luftig gebackene Brüsseler Waffeln mit Sahne oder Bio-Eis oder Spekulatiuscreme oder heißen Himbeeren oder ...

Verkaufs- und Wohlfühlbereich gehen locker ineinander über, sodass die Gäste von sorgfältig platzierten Geschenkideen umgeben sind. Bei einem gemütlichen Plausch kann entspannt der Gedanke reifen, womit man Tante Ruth eine Freude machen könnte (oder sich selbst). Mit edlem Geschirr, farbenfrohen Textilien oder glitzerndem Schmuck? Eine besonders reiche Auswahl herrscht bei den Schokoladen und Pralinen hochwertiger Confiserien aus Belgien, Österreich und Deutschland. Auch vegane Produkte sind mittlerweile darunter. Zudem bemüht sich die Inhaberin Heidi Breiling-Wierczeiko um stetige Erweiterung des Bio- und Fair-Trade-Angebots. In ihrer Freizeit ist sie übrigens als rockige Frontfrau der Partyband „DisCover" auf den Bühnen Rheinhessens zuhause. Ihr persönlicher Favorit, der Vanille-Lemongras-Kräutertee, scheint also besonders viel Power zu verleihen.

Bahnhofstraße 8
www.teekaennchen-ingelheim.de
Alle Ingelheimer Buslinien, Haltestelle Bahnhof Ingelheim

17 Adrenalin auf schnellen Reifen
Der Bike- und Skatepark am Mehrgenerationenhaus

Pumptrack, Funbox, Slappy Curbs, Ledges und Manualpad – allein die Erwähnung dieser speziellen Parkelemente bringt bei erfahrenen Skater*innen oder Biker*innen die Augen zum Leuchten. Seit Juni 2019 befindet sich in unmittelbarer Nähe der Integrierten Gesamtschule Kurt Schumacher und der Theodor-Heuss-Grundschule in Ingelheim-West ein aufregender Bike- und Skatepark. Auf dem 3.500 Quadratmeter großen Gelände hinter dem Mehrgenerationenhaus sausen breite und schmale Reifen, Profis und Neulinge, Kinder und junge Erwachsene. Auf und ab geht es über Strecken mit unterschiedlichsten Schwierigkeitsstufen. Dem Publikum, das im kleinen Zuschauerbereich sitzt oder am Park vorbei spaziert, stockt oft der Atem, wenn luftige Sprünge scheinbar mühelos gelingen. Hinter den erstaunlichen Tricks steckt natürlich viel Training, das hier zuweilen auch unter professioneller Anleitung stattfindet. Trotz Schutzausrüstung werden kleinere Blessuren gerne in Kauf genommen, wenn nach dem zigsten Versuch der „Three-Sixty" (vollständige Drehung um die eigene Achse in der Luft) endlich glückt.

Highlight im Bike- und Skatepark ist der asphaltierte „Pumptrack". Mountainbiker*innen versuchen diesen Wellenparcours zu meistern, ohne in die Pedale zu treten. Doch auch allen anderen Fahrer*innen der Boards oder Bikes, Skates oder Scooter schlägt das Herz auf diesem Rundweg schneller. Schon Achtjährige dürfen sich an diese abwechslungsreiche Strecke wagen – und verfallen schnell dem Kribbeln im Bauch. Für die jüngeren „Adrenalinjunkies" wurde ein räumlich separierter Parcours angelegt, der mit Laufrädern, Rollern oder Rutschautos erobert werden kann.

Nach so vielen Endorphinschüben können sich die erhitzten Skater*innen und Biker*innen montags bis freitags im Café des Mehrgenerationenhauses abkühlen. Sie entwickelten das Parkkonzept gemeinsam mit der Jugendabteilung der Stadt Ingelheim in mehreren Workshops übrigens selbst. Der Bike- und Skatepark ist daher ein tolles Beispiel dafür, wie jungen Ingelheimer*innen die Mitverantwortung für die Gestaltung ihrer Umwelt übertragen wird.

Matthias-Grünewald-Straße 15
www.yellow-ingelheim.de/projekte/bikeparks oder www.mgh-ingelheim.de
Buslinie 614, Haltestelle Ingelheim West, Ludwig-Richter-Straße/MGH

Glücksort für Biofans
„natürlich", der Bioladen

Als der Bioladen „natürlich" im Spätsommer 2013 in Nieder-Ingelheim öffnete, füllte er eine spürbare Lücke. Seit Schließung der letzten Reformhäuser gab es vor Ort kein Geschäft, das sich auf Lebensmittel aus biologischem Anbau konzentriert hatte. Reformhäuser, die Urgesteine der Öko-Bewegung, existierten bereits um 1900. Als Kontrastprogramm zur Industrialisierung und Moderne schlossen sich viele Intellektuelle und Künstler*innen der „Lebensreform" an. Frauen warfen ihr Korsett weg, Männer öffneten den Kragen – und beide nahmen unbekleidete „Lichtbäder". Viele Lebensreformer*innen ernährten sich vegetarisch, vermieden Alkohol und schworen auf Naturheilmittel. Reformhäuser boten hierfür Produkte alternativer Ernährung und naturnaher Körperpflege an. Heute ist eine solch ganzheitliche und gesunde Lebensweise (fast) in der Mitte der Gesellschaft angekommen. Und so bietet der moderne Biomarkt „natürlich" auf 500 Quadratmetern ein breites Spektrum qualitativ hochwertiger Waren, von Fleisch aus artgerechter Haltung über Naturkosmetik und fair gehandelter Schokolade bis hin zu ökologischem Gemüse. Ein Teil der frischen Lebensmittel stammt direkt aus dem Ingelheimer Umland. Zwei Feinschmecker-Highlights sind die große Käsetheke sowie die frischen Kuchen und Torten, die auf dem größten Biobauernhof Hessens (Domäne Mechtildshausen) hergestellt werden. Dass im „natürlich" auf unnötiges Verpackungsmaterial verzichtet wird, ist ohnehin selbstverständlich. Mehrfach wurde der Ingelheimer Biomarkt für seine außergewöhnlich freundlichen Mitarbeiter*innen ausgezeichnet. Hier arbeiten Menschen mit und ohne Beeinträchtigung als Team zusammen, in respektvoller Atmosphäre und zu fairen Bedingungen. Dafür sorgt die Betreiberin des Bioladens, die „Gesellschaft für psychosoziale Einrichtungen" in Mainz. Für diese vorbildhafte Verbindung von Ökologie, Inklusion und Wirtschaftlichkeit wurde der Biomarkt „natürlich" 2019 von der Kreisverwaltung Mainz-Bingen zum „Unternehmen des Jahres; Sonderpreis Inklusion" gekürt.

TIPP: *Das Bistro bietet jeden Mittag eine frisch zubereitete Tagessuppe an – vegan, glutenfrei und lecker.*

Mainzer Straße 26
https://natuerlich.gpe-mainz.de
Buslinien 611, 618, Haltestelle Nieder-Ingelheim, Kleiner Markt

19

Die Seele baumeln lassen
Der Saunabereich der Rheinwelle

Zwischen Ingelheim, Bingen und Gau-Algesheim gelegen, grüßt die „rheinwelle" ihre Gäste schon von weitem. Während im Spaß- und Sportbad fröhlich geplanscht wird, herrscht im angrenzenden Wellnessbereich wohltuende Ruhe: Hier können Entspannungssuchende ihre Seele baumeln lassen.

Bereits vor 2.200 Jahren gehörte der Thermenbesuch mit Familie und Freund*innen für römische Bürger*innen zum kultivierten Freizeitvergnügen. Auch Karl der Große (748–814, s. S. 72) liebte die Aachener Thermalquellen und das Schwimmen mit großem Gefolge. Ob er in seiner Ingelheimer Kaiserpfalz daher eine Therme nach römischem Vorbild errichten ließ? Bisher wurden bei archäologischen Grabungen keine Hinweise auf ein karolingisches Bad entdeckt, doch wer weiß, was sich unter Ingelheimer Füßen noch verbirgt?

Heutige Wellnessliebhaber*innen finden in der „rheinwelle"-Saunawelt ihr Glück. Nachdem sie den Umkleide- und Duschbereich durchschritten haben, öffnet sich ihnen ein freundlich gestaltetes Atrium mit Gastronomie. Von dort zweigen die zwei Innensaunen (60°C und 90°C), das Dampfbad mit Sternendecke, das Eis- und Tauchbad sowie die Erlebnisduschen ab. Der zentrale Ruhebereich geht in eine farblich abgetrennte Kaminecke über, in der manch dösendem Gast beim meditativen Blick ins Feuer die Augen zufallen.

Herzstück der rheinhessischen Saunawelt ist der Außenbereich, in dessen Mitte ein Natur-Badeteich glitzert. „Lustwandeln" – dieses fast vergessene Wort kommt hier wieder zu seinem Recht, wenn die Saunagänger*innen am schilfbewachsenen Ufer zur nächsten Entspannungsstation spazieren. Wählen können sie zwischen fünf Saunen (70°C, 80°C, 85°C, 90°C und 100°C), von denen jede ihre eigene Besonderheit aufweist. Deutschlandweit einzigartig ist die Erdsauna in Winzer-Optik, die nach dem Vorbild rheinhessischer Weinkeller exklusiv für die „rheinwelle" geplant wurde. Die kleinen Oasen der Stille reichen von romantischen Wasserbetten im Ruhehaus bis zur Liegewiese mit Panoramablick auf den Westerberg. Glücklich machende Massage- und Kosmetikangebote runden schließlich den perfekten Ingelheimer Wellnesstag ab.

Binger Straße 99 (Gau-Algesheim)
www.rheinwelle.com
Buslinien 613, 618, 643, Haltestelle Regionalbad

20

Verirrte Sternzeichen
Der evangelische „Selztaldom" in Großwinternheim

„Gott ist die Liebe" – dieser Bibelvers aus dem ersten Johannesbrief empfängt die Besucher*innen des evangelischen „Selztaldoms". Nach der Reformation traten viele Großwinternheimer*innen der calvinistischen Kirche bei. Doch erst ab 1747 konnten sie den Gottesdienst in einer eigenen, schlichten Kapelle feiern (Oberhofstraße, heute Feuerwehrhaus).

Nach rund 140 Jahren entschied sich die evangelische Gemeinde selbstbewusst für einen prächtigen Neubau am (damals) östlichen Ortseingang, unübersehbar für alle Gäste des rund 800 Seelen zählenden Dörfchens. Der Münchener Architekt Heinrich von Schmidt (1850-1928), der bereits mehrere Kirchen in Rheinhessen erbaut oder restauriert hatte, wurde mit der Planung des Großwinternheimer Sakralbaus beauftragt. Die kreuzförmige, neoromanische Kirche wurde vor allem aus regionalen Kalksteinquadern und Sandsteinelementen errichtet und strahlt seit 1888 weit ins Selztal hinein. Wo sich Quer- und Langhaus kreuzen, erhebt sich ein massives Oktogon, das den „Selztaldom" so unverwechselbar macht. Der achteckige Turm steht architektonisch für die Verbindung von Himmel und Erde, für Erlösung und göttliche Perfektion. Bereits Karl der Große (748-814, s. S. 72) wählte diese Form für die Aachener Pfalzkapelle. An den Domen von Mainz, Speyer oder Worms finden sich ebenfalls Oktogon-Türme, und auch die Reichskrone des Heiligen Römischen Reichs aus dem späten 10. Jahrhundert weist eine achteckige Form auf.

Im Inneren des „Selztaldoms" beeindrucken vor allem die detailreich gestalteten Rosetten, die die Betenden in ein wunderbares Licht tauchen. Doch in der Deckenbemalung versteckt sich eine große Überraschung: Der Mainzer Kirchenmaler Valentin Volk (um 1850-1909) versah die Vierungsbögen mit den zwölf Tierkreiszeichen – dabei sind aus christlicher Perspektive nicht die Sterne Herrscher über das Leben, sondern Gott. Insbesondere Martin Luther (1483-1546) lehnte astrologische Vorhersagen mit der ihm eigenen Vehemenz ab. Doch dank Valentin Volk können sich im Großwinternheimer „Selztaldom" trotzdem alle heutigen Kirchenbesucher*innen auf die vergnügliche Suche nach ihrem persönlichen Sternzeichen begeben.

Schwabenheimer Straße 25 (Großwinternheim)
https://ev-kirche-gross-winternheim-schwabenheim.ekhn.de
Buslinien 640, 643, 75, Haltestelle Großwinternheim, Kirche

21

Hochzeit nach königlichem Vorbild

Trauung im Standesamt am Heidesheimer Tor

Verliebte Paare, die sich das Ja-Wort in der einzigartigen Atmosphäre der ehemaligen Ingelheimer Kaiserpfalz geben, treten in 1.000 Jahre alte Fußstapfen: Ende November 1043 fand dort die Vermählung des salischen Königs Heinrich III. (um 1016–1056) mit der burgundisch-aquitanischen Herzogstochter Agnes von Poitou (um 1025–1077) statt. Fast alle Mächtigen des Heiligen Römischen Reiches – Fürsten und Bischöfe, Herzöge und Grafen – waren nach Ingelheim gereist, um Gast bei diesem königlichen Freudenfest zu sein. Die hohen Hochzeitsgäste betraten die Ingelheimer Kaiserpfalz wohl durch den rund 250 Jahre alten, noch immer eindrucksvollen Haupteingang, das Heidesheimer Tor. Von dort gelangten sie in einen halbrunden Wandelgang mit kunstvollen, oft antiken Säulen, der in einen großen Innenhof führte. Das aufwendige Hochzeitsbankett wurde vermutlich in der prächtig ausgeschmückten Thronhalle (Aula regia) abgehalten. Wer von den rund 1.000 Feiernden hier keinen Platz ergattern konnte, stieß unter freiem Himmel auf das königliche Hochzeitspaar an. Ohnehin campierten die meisten Gäste festivalartig in Zelten außerhalb des Kaiserpfalzbezirks – auch wenn das Wetter Ende November kaum geeignet für ausschweifende Open-Air-Festivitäten schien.
2007 wurden die archäologischen Ausgrabungen und denkmaltouristischen Maßnahmen am Heidesheimer Tor abgeschlossen. Heute erinnern historisches Mauerwerk, rekonstruierte Säulenstümpfe und eine illusionistische Wandmalerei an die enorme Dimension dieses ehemals 90 Meter breiten Halbkreisbaus im Nordosten der Kaiserpfalz. Dort befindet sich nun eines der schönsten Standesämter Rheinhessens, dessen Trautermine höchst begehrt sind. Ob die Erinnerung an die Ingelheimer Hochzeit zwischen Heinrich III. und Agnes von Poitou den heutigen Brautpaaren Eheglück verspricht? Zumindest wurde die königliche Verbindung von sechsfachem Nachwuchs gekrönt …

TIPP: *Während sich das Brautpaar in dieser königlichen Kulisse fotografieren lässt, bieten zertifizierte Gästeführer*innen für die Hochzeitsgesellschaft Kurzführungen zu Liebe und Ehe im Mittelalter an.*

Zanggasse 10 (Trauzimmer Heidesheimer Tor)
www.ingelheim.de/buergerservice-aktuelles/lebenslagen/heiraten-lebenspartnerschaft und www.ingelheimer-gaestefuehrer.de
Buslinie 611, Haltestelle Nieder-Ingelheim, N.-v.-Harder-Str.

22

Das Rotweinfest hat religiöse Wurzeln
Die Spitalskapelle St. Jodokus

Unscheinbar. Vernachlässigt. Abbruchreif. Viele Begriffe kommen den Betrachter*innen beim Anblick der kläglichen Reste der St. Jostkapelle in der Rinderbachstraße in den Sinn. Dabei gäbe es das heutige Rotweinfest nicht ohne diesen kleinen Kirchenbau aus dem späten 14. Jahrhundert.

Ihre Gründung 1387 verdankte die Kapelle einer großzügigen Schenkung der vermögenden Ritterswitwe Liese von Melwald. Auch ein Priester konnte durch Spenden des Ingelheimer Adels verpflichtet werden. Geweiht wurde das Kirchlein dem Heiligen Jodokus (Jost/Justus, um 600 – um 670), dem im Mittelalter beliebten Schutzpatron der Kranken und Pilger. Zu diesem Zeitpunkt war die Jodokuswallfahrt nach Saint-Josse-sur-Mer eine der bedeutendsten Pilgerreisen Europas. Die Ober-Ingelheimer Wahl dieses Schutzheiligen war somit kein Zufall, gehörte die Jost-Kapelle doch zu einem Spital am Rinderbach, in dem wohl seit dem 13. Jahrhundert alte, kranke, arme oder verwaiste Ingelheimer*innen und Durchreisende versorgt wurden.

Ursprünglich war jede Kirchweih/Kerb ein Erinnerungsfest an die Weihe der örtlichen Kirche und so feierten die Ober-Ingelheimer*innen spätestens seit Mitte des 15. Jahrhunderts jährlich am letzten Septembersonntag die Jost-Kerb. Im Vordergrund dieses ältesten Ingelheimer Kirchweihfests stand jedoch weniger das religiöse Andenken an die Einweihung der Spitalskapelle, sondern der Herbstbeginn und damit das Ende des ländlichen Arbeitssommers. Vergnügungen wie Musik, Tanz und Spiel, gepaart mit reichlich Weinkonsum, bildeten die bunten Elemente des Kerbespaßes. Dabei ging es bisweilen wild zu: 1791 wurde auf der Jost-Kerb ein Großwinternheimer so stark verprügelt, dass er sich anschließend in chirurgische Behandlung begeben musste.

In den frühen 1930er-Jahren begann die Umwandlung der Ober-Ingelheimer Kirchweih zum kommerziellen Rotweinfest. Heute zieht das größte Ingelheimer Volksfest tausende Besucher*innen an – doch von der mittelalterlichen Jostkapelle ist lediglich ein efeubewachsener Giebel an einer leerstehenden Wohnhausruine erhalten.

Rinderbachstraße 20
Buslinien 613, 640, 643, 75, Haltestelle Ober-Ingelheim, Marktplatz

„Der weiße Kranich breitet seine Flügel aus"
Die Tai-Chi-Schule Ingelheim

Es war einmal ein daoistischer Mönch namens Zhang Sanfeng, der als Eremit in den chinesischen Wudang-Bergen lebte. Als er vor seiner Hütte philosophische Schriften studierte, wurde er plötzlich vom Kampf zwischen einer Schlange und einem weißen Kranich aufgeschreckt. Beeindruckt von den weichen, geschmeidigen Bewegungen der siegreichen Schlange, erfand Zhang Sanfeng die innere Kampfkunst Tai-Chi-Chuan als Wechselspiel von Yin und Yang, von Oben und Unten, von Innen und Außen. Und wenn er nicht gestorben ist …

Von dieser Legende existieren unterschiedlichste Variationen. Sicher scheint, dass Tai-Chi-Chuan – auch Schattenboxen genannt – spätestens vor rund 400 Jahren im Kaiserreich China entwickelt wurde. Zunächst wurde das geheime Wissen nur einem engen Kreis von Eingeweihten gelehrt. Erst Anfang des 20. Jahrhunderts kam die breite chinesische Öffentlichkeit mit den Techniken in Kontakt. Heute ist Tai-Chi-Chuan aus den Parks Ostasiens nicht mehr wegzudenken.

Seit wenigen Jahrzehnten ist diese spezielle Form der inneren Kampfkunst auch im Westen bekannt. 2003 eröffnete der zertifizierte Lehrer Kai Hemmen die Tai-Chi-Schule in Ingelheim. Im Zentrum der Übungen stehen fließende, ruhige Bewegungsabläufe, die zuweilen poetische Namen wie „Den Tiger umarmen und zum Berg zurückkehren" oder „Der weiße Kranich breitet seine Flügel aus" tragen. So verstärkt sich nach daoistischer Lehre und traditioneller chinesischer Medizin die Lebensenergie Chi und trägt damit zur geistigen und körperlichen Gesunderhaltung bei. Kai Hemmens Schüler*innen schätzen dieses intensive Plus an Energie mitten im Alltag sehr, vor allem wenn das Training – zur Freude der Passant*innen – in der nahegelegenen Kommerzienrat-Albert-Boehringer-Anlage (Binger Straße 10 bis 14, s. S. 88) stattfindet.

TIPP: *An sechs Tagen pro Woche werden Kinder und Erwachsene nicht nur in Tai-Chi, sondern auch in Qigong und Kung-Fu unterrichtet.*

Bahnhofstraße 25
https://tai-chi.tp3.de/taichischule
Buslinien 612, 613, 618, 640, 643, 75, Haltestelle Nieder-Ingelheim,
Gartenfeldstr./kING

Neueste Erkenntnisse
Die katholische
St. Remigiuskirche in Nieder-Ingelheim

24

Besucher*innen dürfen sich vom barocken Charme der 1739/40 errichteten, katholischen St. Remigiuskirche in Nieder-Ingelheim nicht täuschen lassen: Ihre Geschichte führt tief ins Frühmittelalter hinein. Hier feierte Karl der Große (748-814, s. S. 72) wohl 787/88 die Weihnachts- und Ostermessen, hier fand 948 die Universalsynode – eine der größten Versammlungen des Mittelalters – statt.

Wer sich schwindelfrei auf die (neue!) Treppe im 800 Jahre alten Glockenturm wagt, wird von einem Blick auf zwei historische Sensationen belohnt. Archäolog*innen der städtischen Kaiserpfalz-Forschungsstelle entdeckten 2012/13 im Turminneren zwei Sandsteinsarkophage aus dem 11. Jahrhundert. Darin bestattet waren fünf hochrangige Familienmitglieder, die wohl ursprünglich aus dem Nahen Osten stammten! Wenige Jahrzehnte zuvor war die junge, reiche Prinzessin Theophanu (960–991) aus Konstantinopel (heutiges Istanbul) mit dem künftigen weströmischen Kaiser Otto II. (955–983) verheiratet worden. An dessen Seite und später als Vormund ihres Sohnes Otto III. (980–1002) weilte Theophanu häufig in der Ingelheimer Kaiserpfalz. Ein großes Gefolge von byzantinischen Gelehrten und Künstler*innen begleitete sie. Vielleicht hatten sich adelige Mitglieder ihres orientalischen Gefolges (oder deren Nachfahren) dauerhaft in Ingelheim niedergelassen und ihre letzte Ruhe im Turm der St. Remigiuskirche gefunden? Eine faszinierende Vorstellung …

Unter / neben den beiden Steinsarkophagen entdeckte das Grabungsteam eine zweite Sensation: eine – teilweise zerstörte – „Taufpiscina" aus dem späten 7. Jahrhundert. In dieses 50 Zentimeter tiefe Becken stiegen erwachsene Täuflinge, die sich zum Christentum bekannten, und wurden zunächst mit Weihwasser übergossen und dann mit Öl gesalbt. Das (für die Region äußerst seltene) Taufbecken war offensichtlich Teil eines merowingischen Vorgängerbaus der heutigen St. Remigiuskirche. Hat Karl der Große, der „Missionar mit eiserner Zunge", also rund 100 Jahre später als Ort für seine Kaiserpfalz bewusst ein christliches Zentrum ausgewählt? Die Ingelheimer Forscher*innen arbeiten fleißig an der Beantwortung vieler noch offener Fragen.

Belzerstraße 7
https://bistummainz.de/katholische-kirche/ingelheim
Buslinien 611, 618 Haltestelle Nieder-Ingelheim, Kleiner Markt

„Suche den Frieden in Dir selbst!"
Der buddhistische Tempel „Wat Phra Dhammakaya"

Seine letzten Lebensjahre verbrachte der kolonialkritische Schriftsteller Eduard Douwes Dekker („Multatuli", 1820-1887) im Nieder-Ingelheimer Haus „auf der Steig" (s. S. 86). Vielleicht hätte ihm – der 20 Jahre auf der indonesischen Insel Java gelebt hatte – der Gedanke gefallen, dass heute in seinem ehemaligen Wohnhaus thailändische Mönche meditieren würden.

2016 wurde das zeitweilig als „Landgasthof und Hotel Multatuli" genutzte Gebäude von der buddhistischen Dhammakaya-Bewegung erworben, deren Hauptsitz in der Nähe von Bangkok liegt. Wo früher Hotelgäste beherbergt und Restaurantbesucher*innen verköstigt wurden, befindet sich nun ein prächtig umgebauter Tempel der buddhistischen Richtung Theravada. Theravada ist die älteste der drei großen Schulen des Buddhismus und v.a. in Süd- und Südostasien beheimatet. Buddhist*innen dieser Lehre beziehen sich auf die ursprünglichen Aussagen von Buddha (Siddhartha Gautama, evtl. 563–483 v. Chr.): Jeder Mensch muss den Weg zur Erleuchtung aus eigener Kraft finden – und dies gelingt vor allem durch das Beruhigen des Geistes und das Vermeiden von alltäglichem Leid. Der Abt Phramaha Wiwat leitet den Ingelheimer Tempel „Wat Phra Dhammakaya" mit dazugehörendem Meditationszentrum. Unterricht, innere Einkehr und Gebete bestimmen den friedlichen Tagesablauf der sieben buddhistischen Mönche. Auch thailändische „Volunteers" oder in Saarbrücken, Frankfurt oder Mainz lebende Thailänder*innen finden „auf der Steig" einen spirituellen Ort der Begegnung.

Die Tempeltore von „Wat Phra Dhammakaya" stehen allen offen, egal welchen Glaubens und welcher Herkunft. Zweimal wöchentlich finden deutschsprachige Meditationskurse für geübte oder noch unerfahrene Praktizierende statt. Zuweilen lädt der Tempel zu ganztägigen „Mindfulness Meditation Retreats" ein, bei denen man unter Anleitung eines Mönchs unterschiedliche Achtsamkeits-Meditationstechniken erlernt. Auch am jährlichen Tag der offenen Tür oder an buddhistischen Festen wie der Kathina-Zeremonie im Oktober/November, wenn den Mönchen neue Roben gespendet werden, freuen sich die Ingelheimer Tempelbewohner sehr über interessierte Besucher*innen.

Mainzer Str. 255
Buslinien 611, 620, Haltestelle Nieder-Ingelheim, Steingasse

Wilde Pilger und tanzende Bären
Die Stele der Aachenwallfahrt bei Sporkenheim

Wenn Radfahrer*innen auf der Bank bei Sporkenheim Rast machen, dann rasten sie auf dem bedeutendsten hochmittelalterlichen Pilgerweg im deutschsprachigen Raum. Alle sieben Jahre zog es Christ*innen in den Aachener Dom, um die Windeln und das Lendentuch Jesu, das Kleid der Maria und das Enthauptungstuch Johannes' des Täufers zu bestaunen. Viele der Aachenpilger*innen stammten aus dem ungarischen Raum und wanderten auf ihrem Weg quer durch Europa auch durch Ingelheim.
Für die Ingelheimer*innen muss dieser Besuch ein frommes, aber doch wildes Ereignis gewesen sein, denn Wein, Spiel und Musik gehörten untrennbar zur Aachenwallfahrt dazu. Die Wallfahrer*innen waren eingehüllt in einen Pilgerumhang, hatten auf dem Kopf den typischen Pilgerhut und in den Händen einen Pilgerstab und große, mit Geldscheinen bestickte Kerzen. Selbst manch tanzender Bär soll die Pilgernden begleitet haben!
In Ingelheim gelangten die Wallfahrer*innen zunächst auf einen Rastplatz auf der Steig, um anschließend hinab zur ehemaligen Kaiserpfalz Karls des Großen (748–814, s. S. 21, 72) zu pilgern, der damals fast religiösen Kultstatus besaß. Ihm zu Ehren hatte der böhmische/römisch-deutsche König Wenzel (später Karl IV., 1316–1378) in der Ingelheimer Pfalz 1354 eine kleine Augustiner-Propstei gegründet, die dem Prager Kloster Karlshof unterstand. Vier tschechisch sprechende Mönche kümmerten sich hier – am (vermeintlichen) Geburtsort Kaiser Karls – um das seelsorgerische Wohl der Wallfahrer*innen. Reuigen Sünder*innen durfte sogar Ablass erteilt werden.
Der weitere Pilgerweg führte am Heilig-Geist-Spital südlich der Remigiuskirche vorbei. Ein letzter Rastplatz lag schließlich bei Sporkenheim, wo die Pilger*innen sich an einem Brunnen erfrischen und vor einem Bildstock beten konnten. Die 2016 errichtete Stele erinnert an den Ort, an dem die fromme Gau-Algesheimer Bevölkerung die Wallfahrer*innen aus dem Osten verpflegte.

TIPP: *Folgt man dem Fahrradweg weitere 500 Meter, so erreicht man das wie eine Welle geformte Erlebnisbad „rheinwelle – Die rheinhessische Wasserwelt": ein Planschspaß für die ganze Familie!*

L 419 Ingelheim Richtung Bingen, gegenüber der Abbiegung Sporkenheim
Buslinien 613, 643, Haltestelle Regionalbad

„Es öffnet sich der Himmel!"
Die katholische St. Paulus-Kirche in Ingelheim-West

27

Die aufsehenerregende Architektur der katholischen St. Paulus-Kirche in Ingelheim-West steht für einen völlig neuen Typ Gotteshaus. Hier findet man keine gotischen Fenster oder merowingischen Fundamente (s. S. 56). Der außergewöhnliche Kirchenbau repräsentiert nicht die reiche Geschichte der Stadt, sondern Ingelheims weltoffene Gegenwart.

Als Anfang der 1960er-Jahre mit Ingelheim-West ein neuer Stadtteil entstand, bildete sich auch ein neues katholisches Zentrum. 1963 erwarb die Pfarrei St. Michael Frei-Weinheim ein Gelände mit Holzbaracke, die zu einer Notkirche umfunktioniert wurde. Zehn Jahre später wich die Behelfskirche dem katholischen Kindergarten. Daher wurde unter dem neuen Pfarrer Helmut Sohns (1935–2018) ein Kirchenneubau mit angeschlossenen Gemeinde- und Jugendräumen geplant. Ende der 1970er-Jahre beauftragte die katholische Kirchengemeinde den renommierten Züricher Architekten und Professor Justus Dahinden (geb. 1925), der mit architektonischen Utopien, hügelförmigen Stadtelementen und schwimmenden Theatern weltweit auf sich aufmerksam gemacht hatte. – Dahindens Ziel war ein harmonisches Mensch-Raum-Verhältnis. Anstatt für Ingelheim-West ein traditionelles Kirchenschiff zu entwerfen, plante er einen offenen Raum, in dem die Gottesdienstbesucher*innen sich um den zentralen „Volksaltar" gruppieren. Gottesdienstliches Feiern im gemeinschaftlichen Dialog war zudem ein Anliegen des 2. Vatikanischen Konzils (1962–1965). An dieser beschlossenen Erneuerung der römisch-katholischen Kirche orientierte sich auch Architekt Dahinden.

Im Kirchenraum der 1981 eingeweihten St. Paulus-Kirche herrscht eine geometrische, fast futuristische Schlichtheit. Viele Wände sind schräg konstruiert, denn dadurch geschieht laut Justus Dahinden etwas Wunderbares: „Es öffnet sich der Himmel!". So ist auch die faszinierende Außenfassade der Kirche geprägt vom Verzicht auf rechte Winkel und erinnert dadurch an die 2017 eröffnete Kultur- und Kongresshalle kING (s. S. 110) in der Ingelheimer Innenstadt. Eine offene, zugewandte Stätte der Begegnung – welch zukunftsfähiges Konzept im fruchtbaren ökumenischen und interreligiösen Dialog!

Veit-Stoß-Str. 5
https://bistummainz.de/katholische-kirche/ingelheim
Buslinien 612, 614, Haltestelle Ingelheim-West, Rembrandtstr./MGH

Reise in Tausendundeine Nacht
Die Ingelheimer „Fatih Sultan Moschee"

28

Schon vor der Tür der Ingelheimer „Fatih Sultan Moschee" fällt der reich dekorierte Reinigungsbrunnen ins Auge. Auf sechs Säulen ruht ein türkisfarbenes Kuppeldach, das den Himmel repräsentiert. Ausgestattet mit mehreren Wasserhähnen, dient der Pavillon – bei milden Temperaturen – der rituellen Reinigung vor dem Gebet.

Von außen ist das Moscheegebäude an der Max-Planck-Straße eher schlicht gehalten, über dem Eingang begrüßen die türkische und die deutsche Fahne. Dem 1989 gegründeten „Türkisch-Islamischen Kulturverein" diente fast 20 Jahre lang ein Gebäude in der Bahnhofstraße als soziales, kulturelles und religiöses Zentrum. Parallel konnte zwischen 1996 und 2008 durch private Spendengelder eine eigene Moschee mit angeschlossenem Kulturzentrum und einem Lädchen mit arabischen Spezialitäten errichtet werden.

Beim Bau legten die sunnitischen Gemeindemitglieder selbst Hand an. Umso stolzer sind sie heute auf den prächtigen Gebetsraum, der Platz für mehrere hundert Muslime bietet. Die Gläubigen beten in Richtung Mekka, unübersehbar markiert durch die eindrucksvolle Gebetsnische, aus der die Rezitationen des Imam in den Gebetsraum zurückschallen. Dorthin ist auch der verzierte Gebetsteppichboden ausgerichtet. Hell erleuchtet wird die Halle von prunkvollen Kronleuchtern. Die Wände schmücken handgefertigte Wandmalereien und osmanisch inspirierte Keramiken. In der islamischen Kunst spielen – aufgrund des Bilderverbots – geometrische, oft spiegelsymmetrische Muster oder schwingende Rankenornamente eine bedeutende Rolle. Vor allem kalligrafische Koranzitate werden aufgrund ihrer dekorativen Gestalt und religiösen Bedeutung hochgeschätzt und können im Ingelheimer Gebetsraum an zahlreichen Stellen entdeckt werden.

Die „Fatih Sultan Moschee" lädt auch Nichtmuslime herzlich zu einem Besuch ein. Dafür bieten sich das Sommerfest oder der „Tag der offenen Moscheen" an. Auch bei der Ingelheimer „Schöpfungswoche" oder dem verkaufsoffenen Rotweinfestsonntag ist die Gemeinde gerne mit dabei.

Max-Planck-Straße 13
Buslinien 613 und 619, Haltestelle Blumengarten

Antike Mauern, Fresken und ein Drachentöter
Die St. Georgskapelle in Heidesheim

Ein tapferer Ritter, der die verzweifelte Prinzessin vor dem Verderben rettet, einen gefährlichen Drachen tötet und zu guter Letzt alle Stadtbewohner zum Christentum bekehrt – die Legende um St. Georg taugt noch heute für einen aufregenden Hollywoodfilm. Wer diesem Superhelden unter den Heiligen in Ingelheim näher kommen möchte, für den führt kein Weg an der kleinen St. Georgskapelle in Heidesheim vorbei.

Zwischen dem 1. und dem 4. Jahrhundert stand hier eine „villa rustica", also ein römischer Gutshof mit nahegelegenem Gräberfeld. Bewohnt wurde das Herrenhaus von einer romanisierten Keltenfamilie, die durch Handel reich geworden war. Das Haupthaus war stattliche 30 Meter lang und bestand aus mehreren, durch einen Säulengang verbundenen Flügeln. Nachdem der Gutshof spätestens im 5. Jahrhundert verlassen worden war und verfiel, ließen sich dort rund 200 Jahre später fränkische Siedler nieder. Diese frühen Heidesheimer*innen bestatteten ihre Verstorbenen in den Ruinen und errichteten im ehemaligen Westflügel des antiken Herrenhauses eine quadratische Kapelle. Diesem kleinen Kirchenbau wurde um 950 eine halbrunde Apsis hinzugefügt, deren Fundament heute noch sichtbar ist. Auch die Malereien am Apsisbogen stammen wohl aus dieser Zeit und sind damit über 1.000 Jahre alt! Wahrscheinlich wurde die Kapelle zu diesem Zeitpunkt dem Drachentöter Georg geweiht.

Um 1300 gaben die mittelalterlichen Heidesheimer*innen ihre Siedlung rund um die St. Georgskapelle auf und fanden einen Kilometer entfernt, auf dem Dimberg, eine neue Heimat. Doch obwohl sie in ihrem neuen Dorf eine weitere Pfarrkirche errichteten (Vorgängerbau der heutigen Kirche St. Philippus und Jakobus), blieben sie St. Georg treu und vergrößerten die Kapelle sogar – möglicherweise aufgrund der vielen Pilger*innen, die dort alljährlich den Georgstag zelebrierten. 1985 wurde diese christliche Tradition zu Ehren des Heiligen Superritters übrigens wiederbelebt und existiert bis heute.

TIPP: *Große Teile der West- und Südfassade sind fast 2.000 Jahre alt!*

St. Georgskapelle
www.historischesheidesheim.de
Leider nicht mit dem ÖPNV erreichbar.

„Haus der Ewigkeit"
Der Jüdische Friedhof Heidesheim

30

Wenn die Sonne auf die Grabmäler strahlt und die Vögel singen, dann ist der Jüdische Friedhof in Heidesheim ein höchst friedlicher Ort. Während er bei seiner Anlegung 1882 am östlichen Ortsrand lag, versteckt er sich heute zwischen Wohnhäusern. Manche der elf Grabsteine sind stark verwittert, auf anderen kann man die Namen jüdischer Heidesheimer*innen noch nach über 100 Jahren gut entziffern: Löwensberg, Ehrenstamm, Stein, Gruner.

In den hebräischen Inschriften stecken manch charmante Beschreibungen der Verstorbenen. Lea Löwensberg (gest. 1897) wird als „tüchtige Gattin, die Lautere und die Aufrechte, die Züchtige und die Fromme, die Teure" bezeichnet, während ihr Mann David (gest. 1889/90) ebenfalls ausführlich charakterisiert wird: „All seine Tage ging er den guten und aufrechten Weg, gottesfürchtig von Jugend auf, er leitete seine Hausgenossen zum Dienst am Schöpfer". Der kleine Friedhof legt Zeugnis ab von einer lebendigen jüdischen Tradition in Rheinhessen. Bereits im Mittelalter lebten jüdische Einwohner*innen in Heidesheim. Im 18. Jahrhundert organisierte sich erstmals eine kleine Gemeinde. Der Betsaal war bis 1910 im Privathaus von Familie Ehrenstamm (wohl Anbau Oberdorfstraße 12) eingerichtet, anschließend besuchten die Heidesheimer*innen die Ober-Ingelheimer Synagoge.

Die Grabmäler erzählen Geschichten aus dem gesamten Spektrum des menschlichen Lebens: von Liebesheiraten, von Beerdigungsriten und auch von großem Leid. So wurde Emil (1863-1942), der Sohn von Lea und David Löwensberg, während des Holocaust in Theresienstadt ermordet. Und Rosalie Steins (gest. 1885) marmorne Schrifttafel zeugt noch immer von einer gewaltsamen Attacke vor vielen Jahrzehnten.

Nach israelitischer Tradition legen Friedhofsbesucher*innen einen kleinen Stein aufs Grab. Dies bedeutet: „Ich war hier, Du bist nicht vergessen." Die kleinen Steintürmchen auf den Heidesheimer Gräbern zeugen davon, dass man sich der jüdischen Verstorbenen heute mit Respekt erinnert. So durfte der jüdische Friedhof (wieder) zum Ort friedlicher Ruhe und würdevollen Gedenkens werden – zum „Haus der Ewigkeit" (hebräisch „Beth Olam").

Am Judenfriedhof
www.steinheim-institut.de/cgi-bin/epidat?id=hdh&lang=de
Buslinien 619, 620, Haltestelle Heidesheim, Mainzer Str.

31

Antiker Modemix
Das gallo-römische Grabmal im Museum bei der Kaiserpfalz

Eines der faszinierendsten Ausstellungsstücke im Museum bei der Kaiserpfalz ist das 2.000 Jahre alte Grabmal eines gallo-römischen Paares. Ernst blicken Mann und Frau den heutigen Besucher*innen in die Augen und erzählen wortlos von ihrer Geschichte.

Beide lebten um Christi Geburt, als Ingelheim Teil des Römischen Reichs, der Provinz Obergermanien, war. 13 v. Chr. war das 20 Kilometer entfernte Doppellegionslager „Mogontiacum" errichtet worden. Um die rund 12.000 römischen Legionäre und ihre Angehörigen zu versorgen, bildeten sich im Umkreis zahlreiche Gutshöfe, villae rusticae, in denen Getreide, Gemüse und Obst kultiviert sowie Viehwirtschaft betrieben wurde.

Das Ingelheimer Paar gehörte wohl zur Oberschicht der einheimischen, keltischen Bevölkerung und bewirtschaftete vielleicht einen der Ingelheimer Gutshöfe. Durch den stetigen Kontakt mit der römischen Hochkultur lernten die beiden neue Götter kennen, kamen in den Genuss moderner Straßen, konnten das Mainzer Theater besuchen, ihre Mahlzeiten mit mediterranen Kräutern würzen oder ihr Haus mit importierten Produkten schmücken.

Auch im Bereich der Mode orientierte sich das vornehme Paar an der Eleganz römischer Vorbilder. Farbspuren auf den Grabsteinen zeigen, dass sich der Mann durch eine blaugraue Toga über einer gelbgrünen Tunika als stolzer Besitzer des römischen Bürgerrechts zu erkennen gab. Die Haare trug er im topmodischen Schnitt von Kaiser Tiberius (42 v. Chr.-37 n. Chr.) frisiert. Die Frau hingegen war in keltische Kleidung gehüllt: olivgrünes Unterkleid mit Ärmeln, gelbgrünes Zwischengewand, Fibeln. Diese kombinierte sie selbstbewusst mit einer römischen Stola. Auch ihre dunkle Haarpracht orientierte sich mit Mittelscheitel und Nackenknoten am Frisurentrend römischer Kaiserinnen.

Beide starben Mitte des 1. Jahrhunderts n. Chr. Lange nach ihrem Tod überquerten germanische „Barbaren" immer wieder den Rhein und zogen plündernd durch die Region. Ab Mitte des 5. Jahrhunderts verlor das einst so mächtige „Imperium Romanum" endgültig seinen hiesigen Einfluss – und die germanischen Franken übernahmen die Herrschaft in Ingelheim.

Museum bei der Kaiserpfalz, François-Lachenal-Platz 5
www.museum-ingelheim.de
Buslinien 611, 619, 620, Haltestelle Nieder-Ingelheim, F.-Lachenal-Platz

32

Weltweit einzigartig
Die Goldmünze Karls des Großen

Nichts weniger als eine Sensation war der Fund, der 1996 bei archäologischen Grabungen im Nieder-Ingelheimer St. Kiliangarten entdeckt wurde. Denn die kleine Goldmünze mit dem Kaiserbildnis Karls des Großen (748–814), die aus der Erde geborgen wurde, dürfte eigentlich gar nicht existieren …

Karl der Große, von späteren Chronisten zum „Vater Europas" stilisiert, ließ um 800 im bereits besiedelten Ingelheimer Raum einen prachtvollen Palast errichten (s. S. 21). Am Hang des Mainzer Bergs gelegen, war die beeindruckende Pfalzanlage besonders für Rheinreisende weithin sichtbar. Monumentale Säulengänge, großzügige Innenhöfe und die Form der Thronhalle (Aula Regia) sollten bewusst an römische Architekturvorbilder erinnern. Kostbare Säulen und Kapitelle, Steinplatten und sonstiger Bauschmuck wurden z.T. antiken Ruinen entnommen und in der Ingelheimer Pfalz wiederverwendet.

Karl der Große sah sich wohl als legitimer Nachfolger der römisch-christlichen Kaiser und ließ sich daher am 25. Dezember 800 in Rom von Papst Leo III. (um 750-816) zum ersten westlichen Kaiser des Mittelalters krönen. Im kaiserlichen Ornat (Lorbeerkranz, Feldherrenmantel) ist er auch auf der knapp zwei Zentimeter kleinen Ingelheimer Goldmünze dargestellt. Die schwer entzifferbare, abgekürzte Umschrift soll wohl „+D(ominus) N(oster) KARLUS IMP(erator) AUG(ustus) REX F(rancorum) ET L(angobardorum)" lauten und charakterisiert ihn als Kaiser der Franken und Langobarden. Die Goldmünze kann daher erst nach seiner Krönung im Jahr 800 geprägt worden sein – dabei hatte er doch selbst sechs Jahre zuvor die Währung des Frankenreichs auf Silber festgelegt! Aber vielleicht diente die Ingelheimer Münze gar nicht als Zahlungsmittel, sondern als Informationsmedium, das die Erneuerung des weströmischen Reiches durch den frisch gekrönten Kaiser Karl unter seinen Untertanen verbreiten sollte?

Weltweit wurde bisher noch kein zweites Exemplar entdeckt, so dass viele Fragen offen bleiben. Geheimnisumrankt und einzigartig präsentiert sich die kleine – und doch so wertvolle – Goldmünze heute im Museum bei der Kaiserpfalz den faszinierten Betrachter*innen.

Museum bei der Kaiserpfalz, François-Lachenal-Platz 5
www.kaiserpfalz-ingelheim.de/denkmaltourismus_fundstuecke_01.php
Buslinien 611, 619, 620, Haltestelle Nieder-Ingelheim, F.-Lachenal-Platz

33

„Holdselig, löblich, streng"
Das Epitaph des Ritters Hans von Ingelheim in der Burgkirche

Gekleidet in die neueste Rittermode des 15. Jahrhunderts: So blickt Hans von Ingelheim (vor 1431–1480) von seinem kunstvollen Gedenkstein auf die Kirchenbesucher*innen hinunter. Seinen Körper umhüllt eine Rüstung mit Wespentaille, die so detailreich aus dem Stein herausgearbeitet ist, dass sogar die angedeuteten Fingernägel auf den Panzerhandschuhen erkannt werden können. Mit stolzgeschwellter Brust steht er auf einem brüllenden Löwen, der den mächtigen, vorübergehend besiegten Teufel symbolisiert. Dabei hätte Ritter Hans - obwohl mit Streitaxt und Schwert bewaffnet - in diesen schweren, unbeweglichen Metallplatten kaum kämpfen können. Sie waren stattdessen für den sportlichen Einsatz bei Turnieren geschmiedet. Tatsächlich war Hans von Ingelheim eher Bürokrat als Kämpfer: Er diente unter anderem als Schöffe am Ingelheimer Reichsgericht, Bürgermeister von Oppenheim, Burgherr zu Klopp und Zollherr von Ehrenfels. Diese Ämter waren so einträglich, dass er dem Mainzer Kurfürsten Dietrich von Erbach (1390–1459) mit einem Kredit beistehen konnte. Zudem finanzierte Ritter Hans, gemeinsam mit anderen Adeligen, die immense Erweiterung der zuvor einschiffigen Kirche St. Wigbert (heute Burgkirche) um zwei spätgotische Seitenschiffe. Als er 1480 starb und in der Kirche bestattet wurde, waren die Wände zwar schon mit Malereien geschmückt, doch der Wind blies noch durch die unverglasten Fenster. Ritter Hans gehörte zu den vielen Adelsfamilien, die im Ingelheimer Grund vermögende Güter besaßen. Die großen Höfe derer von Geismar, Horneck von Weinheim oder von Obentraut (s. S. 22) prägen die Ortsbilder von Ober-Ingelheim und Großwinternheim bis heute. Allerdings kehrten die Adelsfamilien im 18. Jahrhundert den Ingelheimer Dörfern den Rücken. Mittlerweile residieren die Grafen von Ingelheim unter anderem im Spessart auf Schloss Mespelbrunn. Johann Wolfgang von Goethe (1749–1832) beobachtete übrigens bei seinem Burgkirchenbesuch am 5. September 1814 einen charmanten Brauch: „Auf den Häuptern der steinernen Ritterkolossen sah man bunte, leichte Kronen von Draht, Papier und Band, thurmartig zusammengeflochten." So machte auch Goethe die Bekanntschaft des geschmückten Ritters Hans von Ingelheim.

An der Burgkirche
www.burgkirche-ingelheim.ekhn.de
Buslinien 613, 640, 643, 75, Haltestelle Ober-Ingelheim, Marktplatz

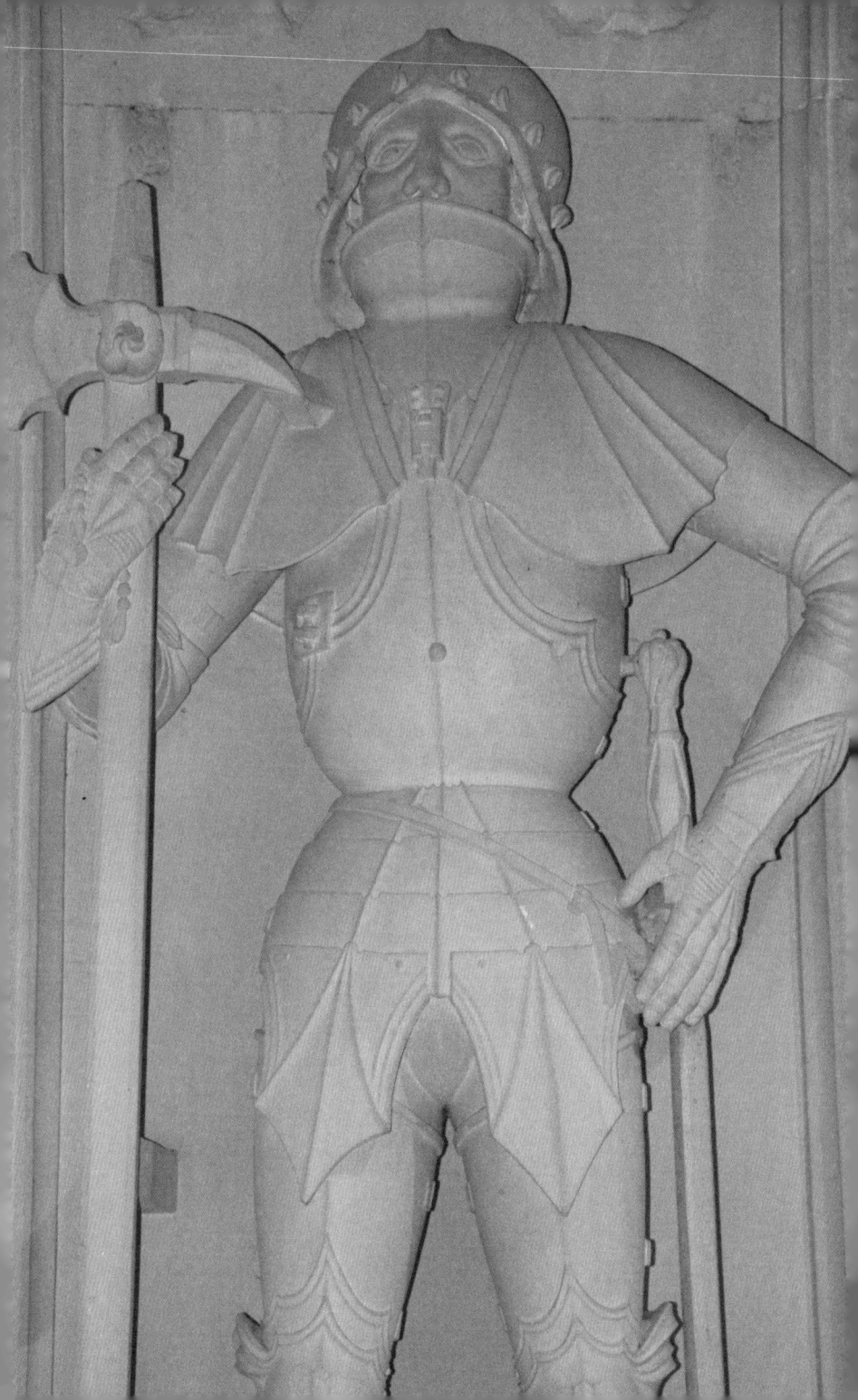

34

Von der Schreibstube aus die Welt entdecken

Das Bronzedenkmal Sebastian Münsters

Da steht er, nachdenklich den Blick in die Ferne gewandt: Sebastian Münster (1488–1552), der berühmteste Sohn Ingelheims. Wo sich seit 1988 sein bronzenes Abbild befindet, lag das Heilig-Geist-Spital, in dem sich Sebastian Münsters Vater um die Finanzverwaltung kümmerte. Geboren und aufgewachsen ist der spätere Kosmograf und Hebraist wohl in direkter Nachbarschaft des Spitals, zwischen Remigiuskirche und Marktplatz (heute François-Lachenal-Platz).

Die angesehene Familie Münster lebte, wie viele andere Ingelheimer*innen auch, vom Obst- und Weinanbau. Dennoch wurde der begabte Sohn früh in Latein unterrichtet und so für ein akademisches Leben vorbereitet. Vielleicht gehörten auch die gerade wiederentdeckten Werke der antiken Gelehrten oder die aktuellen Abenteuerberichte des Christoph Kolumbus (um 1451–1506) oder Vasco da Gamas (um 1469–1524) zu Münsters Jugendlektüre? Um seine Studien zu vertiefen, verließ Sebastian Münster das Ingelheimer Elternhaus etwa 1505. Sein Wissensdurst führte ihn zu Stationen in Heidelberg und Freiburg, Pforzheim und Tübingen, schließlich an die Universität Basel. Dort schrieb er – neben 70 anderen Büchern – mit der „Cosmographie" den Bestseller des 16. Jahrhunderts! Dieses 1544 erstmalig erschienene Mammutwerk war nichts weniger als eine „Beschreibung der ganzen Welt mit allem, was darinnen ist". Anstatt selbst umherzureisen, ließ Münster andere Forscher die Welt entdecken und trug deren Berichte in jahrelanger Kleinarbeit am Schreibtisch zusammen. So fanden sich in der „Cosmographie" neben realitätsgetreuen Ortsbeschreibungen auch fabelhafte Holzschnitte indischer Drachen, chinesischer Einhörner oder Menschen mit Hundeköpfen. Münster zeichnete Ingelheim auf der Mittelrheinkarte der „Cosmographie" gut sichtbar zwischen „Mentz" und „Binge" ein. Daneben zählte er seine Heimatstadt zu den 95 alten Reichsstädten. Und schließlich widmete Münster Ingelheim einen eigenen, dreiseitigen Eintrag. Noch in seinen letzten Lebensjahren bezeichnete sich der bedeutende Gelehrte, dessen Porträt von 1962 bis 1995 den Hundertmarkschein zierte, als „Sebastian Munsterus Ingelheimensis" oder „Ingelhemius".

Mainzer Straße Ecke Belzer Straße
www.museum-ingelheim.de/sebastianmuenster.php
Buslinie 611, Haltestelle Nieder-Ingelheim, Kleiner Markt

35

Freibeuter, Zuckerbaron und Ehrenbürger

Das Grabmal von Albert Gerhard de Roock

Auf dem Nieder-Ingelheimer Friedhof fällt eine imposante Grabanlage ins Auge: Ein schmiedeeiserner Zaun umrahmt die Gräber der Familien de Roock, van Krieken und Emmerling. Im Zentrum ragt ein marmorner Obelisk auf, der an den Gründer des Nieder-Ingelheimer Familienzweigs erinnert: Albertus Gerrit de Roock (1787–1867). Seine Gedenksäule mit niederländischer Gravur führt mitten in die Hochphase der Kolonialzeit, als europäische Mächte um Einfluss und Profit in den entlegensten Gebieten der Erde wetteiferten.

Albertus Gerrit de Roock kehrte seiner niederländischen Heimatstadt Zaltbommel früh den Rücken. Mit einem königlich-britischen Kaperbrief in den Händen, nahm er als Freibeuter an der Seekriegsführung gegen spanische Handelsschiffe teil. Als Großbritannien 1811 die Kolonialherrschaft auf Java übernahm, ließ sich der junge de Roock als Händler im Nordosten der tropischen Insel nieder. Mitte der 1820er-Jahre erwarb er die Zuckerrohrplantage „Padjarakan", die er mit den modernsten Dampfmaschinen betrieb und mit Geschäftssinn zur zweitgrößten Plantage auf Java entwickelte. Da es die niederländische Kolonialregierung Privatunternehmern zunehmend erschwerte, auf Java freien Handel zu betreiben, zog sich de Roock Ende der 1830er-Jahre in die europäische Heimat zurück. Zusammen mit seiner Frau Theodora Sophia Frederika (geb. Knibbe, 1795–1873) und seiner Tochter Friederike Gertrude (1830–1908, s. S. 80) erwarb er 1841/43 eine klassizistische Dreiflügelanlage in Nieder-Ingelheim. Dieser Sommersitz ließ ihn womöglich von tropischen Temperaturen, exotischen Düften und prallen Zuckersäcken träumen, denn er taufte ihn nach seiner javanischen Plantage: „Villa Padjarakan".

In Nieder-Ingelheim kümmerte sich de Roock wohltätig um das gesellschaftliche Leben, wofür er 1863 zum ersten Ehrenbürger ernannt wurde. Zudem bekam er das Ritterkreuz Erster Klasse Philipps des Großmütigen verliehen. Als er vier Jahre später starb, wurde ihm zum Gedächtnis der kostbare Marmorobelisk auf dem Nieder-Ingelheimer Friedhof errichtet, dessen niederländische Inschrift daran erinnert, dass auch Ingelheim eine eigene Kolonialgeschichte besitzt.

Georg-Scheuing-Str. 3
Bus 611, 619, 620, Haltestelle Nieder-Ingelheim, Winzerkeller

Grundstein aus Zuckerrohr

Die Wohltäterin Gertrude van Krieken und „ihre" zwei Krankenhäuser

Als Friederike Gertrude van Es am 26. Juni 1830 auf der niederländisch-indischen Tropeninsel Java geboren wurde, hätte niemand geglaubt, dass sie später den Grundstein für zwei Ingelheimer Krankenhäuser legen würde. Ihre frühe Kindheit verbrachte sie auf der Zuckerrohrplantage „Padjarakan" ihres vermögenden Vaters Albert Gerhard de Roock (1787–1867, s. S. 78). Wirtschaftliche und klimatische Gründe führten dazu, dass die Familie Ende der 1830er-Jahre Java den Rücken kehrte und ihren Hauptwohnsitz nach Den Haag verlegte. Zur Sommerfrische fuhr sie ab 1841/43 in ihre neu erworbene, repräsentative „Villa Padjarakan" in Nieder-Ingelheim. Auch nach der standesgemäßen Hochzeit mit ihrem 17 Jahre älteren Cousin, dem niederländischen Offizier Anton Huibert van Krieken (1813–1880), nutzte die junge Frau die prächtige „Villa Padjarakan" vorrangig als sommerlichen Rückzugsort. Der Park war mit geschwungenen Wegen, raffinierten Perspektiven sowie Teichanlagen gestaltet und stand allen Ingelheimer*innen offen. Gleichzeitig betrieb Gertrude van Krieken mithilfe von Verwaltern die von ihrem Vater geerbte Plantage „Padjarakan" auf Java weiter, die zur zweitgrößten Zuckerrohrplantage der Insel angewachsen war.

Nach dem Tod ihres Ehemanns 1880 lebte sie ganzjährig im ländlichen Nieder-Ingelheim und engagierte sich hier als großzügige Stifterin – weit über ihren Tod am 6. August 1908 hinaus. Testamentarisch vermachte sie der Gemeinde ein so großes Stiftungsvermögen, dass davon nicht nur die Friedhofskapelle in Nieder-Ingelheim, sondern auch ein Waisenhaus an der heutigen Turnerstraße gebaut werden konnten. Zudem ermöglichte ihr Erbe die Umwandlung des Ludwigstifts in Ingelheims erstes Krankenhaus. Das nicht mehr existierende Gebäude an der heutigen Stiftstraße verfügte über Operationszimmer, Röntgenapparate sowie Gas- und Elektrolicht.

Schließlich wäre auch der Bau des aktuellen Krankenhauses 1939 nicht ohne das auf Zuckerrohr basierende Erbe Gertrude van Kriekens möglich gewesen. Als Mittelteil diente das von ihr gestiftete und nun zweckverwandelte Waisenhaus. Noch heute erinnert dessen prächtiges Sandsteinportal auf der Grünfläche an den 2002 niedergelegten Ursprungsbau.

Turnerstraße 23
Buslinie 611, Haltestelle Nieder-Ingelheim, Krankenhaus

Rheinromantik pur

Caroline von Erlanger und die Rheinklause

„Wilhelm, wir wollen kaufen bis zum Rhein!", forderte die kunstsinnige Caroline von Erlanger (geb. von Bernus, 1843–1918) ihren Ehemann, den Nieder-Ingelheimer Großgrundbesitzer Wilhelm von Erlanger (1834–1909), auf. In dieser Zeit der Rheinromantik priesen verzückte Komponist*innen, Dichter*innen und Bildende Künstler*innen das felsige Mittelrheintal, während reiche Käufer die dortigen Burgruinen „möglichst mittelalterlich" (neogotisch/neoromanisch) renovieren ließen. So dehnte das vermögende Ehepaar von Erlanger sein Grundstück von der Binger Straße bis ans Flussufer aus und ließ dort 1893 die höchst kostspielige Rheinklause erbauen. Obwohl sie mit den modernsten technischen Erfindungen wie einem Telefonanschluss ausgestattet war, sollte sie dennoch mittelalterlich erscheinen: Sie erhielt ein Kreuzgewölbe, breite Steinmauern, massive Kunstschmiedearbeiten sowie einen Raum dominierenden Kamin. Für die Wandmalereien wurden Motive des Ingelheimer Mittelalterfundus gewählt, darunter ein Ober-Ingelheimer Ritter, der im Turnier seinem Nieder-Ingelheimer Gegner unterliegt. Und sogar der Ort hat mittelalterlichen Bezug: Kaiser Ludwig der Fromme (778–840), der Sohn Karls des Großen (748–814, s. S. 72), starb ganz in der Nähe, auf einer ehemaligen Rheininsel zwischen Heidenfahrt und Ingelheim-Nord. Die Rheinklause am Rande dieses frühen „Tourismus-Hotspots" diente Caroline von Erlanger und ihrer Familie als vergnüglicher Rückzugsort im Anblick des mächtigen Flusses, in dem fröhlich geschwommen und geschippert wurde. Nach Caroline von Erlangers Tod 1918 wurde die Rheinklause allerdings lange vernachlässigt. Seit 1937 ist sie im Besitz des Landesverbands der Sportangler Rheinland-Pfalz (Bezirksverband Rheinhessen) und versteckt sich mittlerweile hinter dichten Hecken. Wer jedoch den Eingang findet, wird von einem idyllischen Biergarten im Schatten alter Bäume überrascht, in dem man sich mit Getränken und Snacks erfrischen und in die Zeit der Rheinromantik zurückträumen kann.

TIPP: *Eine beschilderte Abzweigung zwischen Ingelheim-Nord und Heidenfahrt vom Damm oder dem europäischen Rheinradweg daneben führt direkt zur Rheinklause (ca. 500 Meter).*

Alter Sand 3
www.rhein-klause.de
Leider nicht mit dem ÖPNV erreichbar.

Ingelheims größter Revolutionär
Das Grabmal des leidenschaft-
lichen Demokraten Dr. Martin Mohr

38

Martin Mohrs (1788–1865) Kindheit und Jugend in Warmsroth (Stromberg) war geprägt von republikanischen Ideen. Bereits drei Jahre nach dem Sturm auf die Bastille 1789 besetzten die französischen Revolutionstruppen das linke Rheinufer. 1793 wurde die Mainzer Republik ausgerufen, das erste auf bürger-lich-demokratischen Grundsätzen beruhende Staatswesen auf deutschem Boden. Schnell lieferten sich preußische und öster-reichische Soldaten Gefechte mit der französischen Armee um die Macht in der Region. Erst 1797 kehrte Frieden ein: Die links-rheinischen Gebiete wurden offiziell zu einem Teil Frankreichs.

Im nun französischen Département de Rhin-et-Moselle absol-vierte Martin Mohr eine Ausbildung zum Notariatsschreiber und arbeitete als Gerichtsschreiber. Mit 20 Jahren wurde er in die „Grande Armée" eingezogen und nahm an Feldzügen in Öster-reich, Spanien und Russland teil, wo er zum ersten Mal in seinem Leben in Gefangenschaft geriet.

Nach dem Rückzug der Franzosen 1814 studierte Mohr Jura. Während seiner gesamten juristischen Karriere (unter anderem Vizepräsident des Mainzer Kreisgerichts) verteidigte er vehe-ment die französische Gesetzgebung. Dies führte zu politischen Konflikten und so wurde er 1833, mit 45 Jahren, frühpensioniert. Durch seine Bezüge finanziell abgesichert, heiratete Martin Mohr im gleichen Jahr Mathilde Meyer und zog mit ihr nach Ober-Ingelheim (Stiegelgasse 48). Dort konzentrierte er sich als Landtagsabgeordneter des Großherzogtums Hessen auf sein demokratisches Engagement. Viele Bürger*innen forderten die Abschaffung der Zensur, Presse- und Versammlungsfreiheit, eine neue Verfassung und einen einheitlichen Bundesstaat. Mohr war daran aktiv beteiligt und wurde 1848/49 als Abgeordneter in die Frankfurter Nationalversammlung berufen. Diese politischen Ak-tivitäten führten zu seiner zweiten Inhaftierung.

Nach seiner Entlassung engagierte sich der 62-Jährige erneut als Landtagsabgeordneter und wurde 1850 – für 17 Tage – zu des-sen Präsidenten gewählt. Am 6. Mai 1865 verstarb Martin Mohr. Fast 5.000 Verehrer*innen seines demokratischen Kampfs sollen den Trauerzug zum Friedhof der Burgkirche begleitet haben.

Friedhof an der Burgkirche
Buslinien 613, 618, 640, 643, 75, Haltestelle Ober-Ingelheim,
Marktplatz

39

Des Dichters Lieblingsplatz
Multatuli und der Napoleonstein

Hoch oben auf der Steig thront das Haus, in dem der kolonial-kritische Schriftsteller Eduard Douwes Dekker („Multatuli", 1820–1887) seine letzten Lebensjahre verbrachte und verstarb. Zuvor hatte es ihn von seinem Geburtsort Amsterdam nach Java in „Niederländisch-Indien" gezogen, wo er fast 20 Jahre lang Karriere in der Kolonialverwaltung machte. Diese endete abrupt, als er Anklage gegen korrupte Lokalfürsten und niederländische Beamte erhob und sich auf die Seite der unterdrückten javanischen Bauern stellte. Zurück in Europa, entstand aus Enttäuschung und Zorn eine literarische Kritik an den Lebens- und Arbeitsbedingungen der javanischen Kaffeepflanzer: „Max Havelaar oder: Die Kaffeeversteigerungen der Niederländischen Handelsgesellschaft". Der erhoffte Erfolg blieb jedoch aus, so dass Dekker zeitlebens mit Geldnot zu kämpfen hatte. Das Haus in Nieder-Ingelheim wurde ihm 1881 von einem Bewunderer überlassen. Hier lebte der kauzige Dichter zurückgezogen mit seiner zweiten Frau „Mimi" Hamminck Schepel (1839–1930) und dem Pflegesohn Walter (1876–1945) – immer im Zwist mit den Ingelheimer Autoritäten.

Auf der gegenüberliegenden Straßenseite befindet sich noch heute der Gedenkobelisk, der zu Dekkers Lieblingsplatz wurde. Der französisch-deutsche „Napoleonstein" erinnert seit 1807 an den napoleonischen Ausbau der fast 2.000 Jahre alten Römerstraße von Mainz-Finthen über den Mainzer Berg durch Ingelheim nach Bingen, die den Namen „Route Charlemagne" erhielt. Von seinem Aussichtsplatz aus konnte Dekker die bedeutende Ingelheimer Post- und Reiseroute perfekt überblicken und hatte nebenbei eine traumhafte Fernsicht ins Rheintal. Heute zählt Dekkers Roman „Max Havelaar" zum festen Literaturkanon der Niederlande. Zudem tragen sechs europäische Fair-Trade-Initiativen den Namen „Max Havelaar". An Dekkers Ingelheimer Haus, in dem mittlerweile ein buddhistisches Meditationszentrum untergebracht ist (s. S. 58), erinnert jedoch lediglich eine kleine Gedächtnistafel an den in Deutschland vergessenen Kolonialkritiker.

TIPP: *Im nahe gelegenen Weingut Multatuli (Stritter) befindet sich eine kleine Multatuli-Ausstellung mit historischen Fotos und frühen „Max Havelaar"-Ausgaben.*

Mainzer Str. 255
Buslinien 611, 620, Haltestelle Nieder-Ingelheim, Steingasse

40

Visionär der Pharmaindustrie
Der Park von Albert Boehringer

Wer hätte 1885 vermutet, dass ein ehrgeiziger Chemiestudent mit dem Kauf einer Weinsteinfabrik den Grundstein für Ingelheims heutigen Wohlstand legen würde? Diese kleine Fabrik in Nieder-Ingelheim sollte jedoch die Keimzelle des Pharmaunternehmens Boehringer Ingelheim werden, das heute rund 50.000 Mitarbeiter*innen rund um den Globus beschäftigt.

Der 24-jährige Albert Boehringer (1861–1939) entstammte einer Reihe von Fabrikanten der chemisch-pharmazeutischen Industrie. In Ingelheim wagte der Jungunternehmer den Sprung in die Selbständigkeit – wobei ihn das finanzielle Familiennetz in den Anfangsjahren sanft auffing. Seinen ersten Erfolg verdankte er einem Zufall: Statt der erwünschten Zitronensäure schwamm Milchsäure in den Gärbottichen. Der findige Fabrikant stellte das eigentlich unwillkommene Produkt nun massenhaft her und produzierte daraus Backpulver und sogar eine eigene Limonade namens „Chabeso".

Zu Beginn des 20. Jahrhunderts setzte Albert Boehringer mithilfe des Nobelpreisträgers Heinrich Wieland (1877–1957) parallel auf die vielversprechende Entwicklung von Arzneimitteln. Einem Patriarchen gleich, wurde er dabei zum Pionier der Mitarbeiterfürsorge: Er gründete unter anderem eine Betriebskrankenkasse sowie eine Firmenrente und ließ firmeneigene Wohnhäuser errichten. Zudem sicherte er seiner Belegschaft einen bezahlten Urlaub zu – dessen Erholung die Mitarbeiter*innen mit einer persönlichen Ansichtskarte nachweisen mussten.

1925 ließ der nun zum Nieder-Ingelheimer Ehrenbürger ernannte Albert Boehringer in dem Park, der heute seinen Namen trägt, einen sechseckigen Steinpavillon im expressionistischen Stil errichten. Darin verbirgt sich ein Denkmal, das an die getöteten Nieder-Ingelheimer Soldaten der Weltkriege erinnert. Der Bildhauer schuf zwei überlebensgroße Marmorfiguren, die Boehringers Ideal von Trost und Nächstenliebe symbolisieren.

An das grüne, ruhige Herz der Stadt grenzt – vor neugierigen Blicken verborgen – das schlossartige Neobarock-Anwesen „Jägerhof" von 1938 an, das noch heute von Nachkommen des visionären Firmengründers Albert Boehringer bewohnt wird.

Kommerzienrat-Albert-Boehringer-Anlage, Binger Str. 10-14
www.boehringer-ingelheim.de/geschichte/meilensteine-der-unternehmensgeschichte/innovative-anfaenge
Buslinien 611, 619 620, Haltestelle Nieder-Ingelheim, Winzerkeller

41

Hier ist der Wein daheim
Der Winzerkeller

Kaum eröffnet, wurde der grundsanierte „Winzerkeller" 2020 mit dem angesehenen „Best of Wine Tourism-Award" prämiert, den das exklusive Netzwerk der „Great Wine Capitals" vergibt. Ein international ausstrahlendes Kompliment, das zum einen die moderne „Wiedererweckung" eines Denkmals lokaler Weinkultur auszeichnet, zum anderen die enge Kooperation der heutigen Ingelheimer Winzer*innen anerkennt.

Schon 1901 hatten sich viele ihrer Ururgroßväter zur Winzergenossenschaft Nieder-Ingelheim zusammengeschlossen, um gemeinsam Wein zu erzeugen und zu vermarkten. Die Mitglieder ließen 1904 eine doppelstöckige Kellerei mit großer Kelterhalle errichten und halfen beim Bau tatkräftig mit. Der im „Winzerkeller" produzierte Wein wurde hauptsächlich in Mainz versteigert und in der 1932 eröffneten Straußwirtschaft ausgeschenkt. Im Laufe des 20. Jahrhunderts wurde das Genossenschaftsgebäude mehrfach erweitert, doch seine Bedeutung ging immer weiter zurück, so dass die Stadt Ingelheim den „Winzerkeller" 2011 kaufte - und damit ein wertvolles Zeugnis lokaler Weingeschichte bewahrte.

Nach einer aufwändigen Sanierung (2016–2019) präsentiert sich die ehemalige Kelterhalle nun als lichterfüllter Innengarten, der durch sein aufsehenerregendes Glasdach an herrschaftliche Orangerien denken lässt. Das „Winzerkeller Restaurant" lädt zu edlen Ingelheimer Weinen und ausgesuchten Leckereien der regionalen und internationalen Küche ein. In atmosphärischen Veranstaltungsräumen wie dem historischen Gewölbekeller finden nun Feste, Kulturevents oder Seminare statt. Herzstück des „Winzerkellers" ist die stilvolle Vinothek, in der 25 Ingelheimer Winzer*innen und eine Brennerei ihre besten Tropfen präsentieren. Ob Früh-, Spät-, Grau- oder Weißburgunder, ob Silvaner oder Riesling, ob Secco, Rosé oder Blanc de Noir – aus dem gesamten Ingelheimer Spektrum können Genießer*innen hier ihren neuen Lieblingswein küren. So spürt man in jeder Ecke des Winzerkellers, dass der Zusammenhalt unter den Ingelheimer Winzerfamilien eine lange – und quicklebendige – Tradition besitzt.

TIPP: *Im „Winzerkeller" befindet sich die täglich geöffnete Ingelheimer Tourist-Information.*

Binger Straße 16
www.ingelheimer-winzerkeller.de
Buslinien 611, 619 620, Haltestelle Nieder-Ingelheim, Winzerkeller

42

Himmlischer Biergenuss

Das Brauseminar im „Brauhaus Goldener Engel"

Eine Bierbrauerei in der Rotweinstadt? Fast glich es einer kleinen Revolution, als der Brau- und Malzmeister Johannes Winkelser 2007 das „Brauhaus Goldener Engel" in Ingelheim-West eröffnete. Auch architektonisch ging der gebürtige Ingelheimer neue Wege: Statt auf zünftige Oktoberfestklischees, setzte der Bauherr auf eine modern-reduzierte Interpretation historischer Klöster. Das helle Gebäude ist wie ein V geformt, Südflügel (Hauptgastraum, Sudhaus) und Nordflügel (Veranstaltungssaal, Küche) umfassen die Sommerterrasse, an die sich ein großzügiger Biergarten mit Spielplatz anschließt. Deckenhohe Fensterschlitze gewähren raffinierte Einblicke in die Stationen des traditionellen Brauprozesses.

Selbst die Rotweinstadt kann auf eine (kurze) Biertradition zurückblicken: Von 1866 bis 1888 wurde in der Grell'schen Brauerei in Nieder-Ingelheim (Mainzer Str. 50, Im Malzhof) Bier gebraut. Ab 1890 wurde sie zur Malzfabrik umgebaut und produzierte noch bis 1975 jährlich über 10.000 Tonnen Gerstenmalz für umliegende Brauereien. Heute kommt das Malz des „Goldenen Engel"-Bieres aus Bad Kreuznach, während der Hopfen selbst angebaut wird. In der Brauereianlage werden neben den drei naturtrüben Hausbieren auch Saisonbiere gebraut. Sogar in den frischen Gerichten der Speisekarte versteckt sich oft das gewisse „Bier-Etwas", wie gebratene Blutwurst mit Bier-Balsamico-Jus oder Burger mit Dunkelbier-Brötchen und BBQ-Bier-Soße.

Ein besonderes Event sind die ganztägigen Brauseminare im „Goldenen Engel". An einem Samstag pro Monat können Bierliebhaber*innen in die Rolle der Braumeister schlüpfen. Unter professionaler Anleitung lernen sie alles Wissenswerte rund um Hopfen, Hefe, Wasser und Malz kennen. Zwischendurch lässt sich bei deftiger Schweinshaxe mit Kraut (im Kurspreis inbegriffen) manch „bierische" Anekdote teilen. Vor allem stellen die Hobby-Brauer*innen durch Schroten und Maischen, durch Läutern und Hopfenkochen ihr persönliches Bier her. Doch Achtung: Zunächst muss es gären und anschließend vier bis acht Wochen kühl lagern! Wem das zu lange dauert, der belohnt sich einfach mit einem frisch Gezapften an der Theke.

Neisser Straße 1
www.brauhausgoldenerengel.de
Buslinien 612, 614, 618 und 643, Haltestelle Weimarer Str.

43

Mit Liebe gebacken, mit Gold prämiert
Die Altstadt-Bäckerei Finkenauer

Im Herzen Ober-Ingelheims duftet es verführerisch. Die Auslage der Altstadt-Bäckerei Finkenauer lockt mit süßen Leckereien, Gebäck aus eigener Lauge und Sauerteigbroten nach traditionellem Familienrezept. Die Liebe zum Handwerk schmeckt man: Für die Inhaber*innen ist das Backen nicht nur ein Beruf, sondern Teil einer rund 160 Jahre alten Familienkultur.

Das deutsche Bäckerhandwerk ist weltweit einzigartig. Deutschland ist das Land des Brotes; das offizielle Brotregister führt über 3.200 unterschiedliche Rezepte auf. Für diese handwerkliche Vielfalt wurde die deutsche Brotkultur 2014 sogar in das bundesweite UNESCO-Verzeichnis des immateriellen Kulturerbes aufgenommen. Über Jahrhunderte haben Bäckerfamilien das Wissen der Brotherstellung gepflegt. So wie Familie Finkenauer: Seit 1861 werden die Rezepte und Techniken von Generation zu Generation weitergegeben. Vor mehr als 40 Jahren siedelte sich die Bäckerei schließlich in Ober-Ingelheim an, so dass viele Bewohner*innen der benachbarten Gassen mit Finkenauers Brot aufgewachsen sind. Eine besondere Spezialität der Bäckerei sind ihre zeitaufwendig herzustellenden Natursauerteigbrote. Auch für die herzhaften Knusperstangen oder die elf Knäckebrotvariationen nehmen Kund*innen längere Anfahrten gerne in Kauf. Zur Weihnachtszeit ist zudem der Rotwein-Fruchtstollen in Form der „Ingelummer Kerz" (s. S. 26) heiß begehrt, mit dem die Bäckerei aus Liebe zur Heimatstadt ein außergewöhnliches Adventssouvenir geschaffen hat.

Weder Konservierungsstoffe noch Fertigmischungen finden ihren Weg in die Backwaren. Die Altstadtbäckerei kooperiert ausschließlich mit regionalen Lieferanten, die ähnlich hohe Qualitätsansprüche besitzen. Dafür wird der Meisterbetrieb seit 2011 regelmäßig von dem renommierten Gastro-Magazin „Feinschmecker" zu einer der 500 besten Bäckereien in Deutschland gekürt. In letzter Konsequenz bedeutet dies auch: Wer mit so viel Leidenschaft backt, der wirft die von eigener Hand geformten Produkte nach Ladenschluss nicht einfach in den Müll. Stattdessen stellt die Altstadt-Bäckerei Finkenauer unverkaufte Backwaren dem Caritas-Brotkorb zur Verfügung.

Altegasse 37
www.altstadtbaeckerei-finkenauer.de
Buslinie 612, Haltestelle Ober-Ingelheim, Selztalstr.

44

Regional und retro
Der Ingelheim-Gin „Fünfundsechzig07"

Eine flüssige Liebeserklärung an Ingelheim zu entwickeln – mit nichts weniger als diesem ehrgeizigen Plan machten sich 2018 fünf Ginfans an die Arbeit. Bis vor wenigen Jahren besaß Gin noch ein muffiges Image als „Oma-Schnaps". Dabei besitzt das Lieblingsgetränk von Queen Mum (1900–2002) mit James Bond den vielleicht coolsten Fan der Filmgeschichte: Dessen legendärer Martini besteht zu fünf Sechsteln aus Gin.

Vor allem Großbritannien blickt auf eine reiche Gin-Tradition zurück. Sein Vorfahre, der Genever, stammt aus den Niederlanden und wurde dort bereits vor rund 400 Jahren gebrannt. Als mit Wilhelm III. von Oranien-Nassau (1650–1702) ein Holländer den britischen Thron bestieg, begann die britische Liebe zu dieser aufheiternden Spirituose. Im 19. Jahrhundert, als kolonialistische Seefahrer im Auftrag der Krone auf allen Weltmeeren segelten, diente Gin, zusammen mit dem bitteren Wirkstoff Chinin und Tonic Water, sogar als Medizin gegen Malaria.

Im Zuge des derzeitigen Retrotrends schüttelte Gin seinen angestaubten Ruf ab und wurde wieder hip und angesagt. In Berlin, New York und Tel Aviv öffneten exklusive Ginbars. Gleichzeitig entstanden zahlreiche regionale Variationen des Kultgetränks. Die Genießer*innen der individuellen „Craft Gins" schätzen insbesondere deren Authentizität und Einzigartigkeit.

Die fünf „Ginfluencer" Kristian Dautermann, Heinz Dengel, Jörg und Joachim Schweizer und Thorsten Winternheimer brachten diesen Trend nach Ingelheim. Während der Destillation in der Traditionsbrennerei Dengel (seit 1882) wird der spätere Gin „Fünfundsechzig07" mit Wacholder und weiteren 18 Aromen versetzt. Darunter sind auch regionaltypische Botanicals wie schwarze Johannisbeeren und Holunder, die für den unverwechselbaren „Ingelheim-Geschmack" sorgen. Auch der Name des Gins verweist nostalgisch auf die alte Ingelheimer Postleitzahl 6507 zwischen 1962 und 1993. Diese flüssige Liebeserklärung an die Heimat kommt nicht nur im Herzen Rheinhessens gut an: Bereits mehrfach wurde der Gin „Fündundsechzig07" mit der Goldmedaille ausgezeichnet, unter anderem beim chinesischen „Wine and Spirits Award" und den „Singapore Awards".

Aufhofstraße 46 (Brennerei Dengel)
https://fuenfundsechzig07.de
Buslinie 613, Haltestelle Ober-Ingelheim, Burgunderstr.

45

Paradies für Zuckermäulchen
„Purer Genuss!"

Unvorstellbar, auf dieses kleine Glück verzichten zu müssen! Doch bevor die Milchschokolade 1839 in Dresden erfunden werden konnte, mussten die beiden wichtigsten Rohstoffe – Zucker und Kakao – erst einmal Europa erreichen.

Zucker ist ein Migrant aus dem Osten. Er wanderte von Melanesien bis ans Mittelmeer, wo er vor rund 1.000 Jahren von europäischen Kreuzrittern entdeckt wurde. Der exotische Süßstoff blieb in Europa lange eine wertvolle Rarität. Ab dem 16. Jahrhundert wurde Zuckerrohr auf karibischen und brasilianischen Plantagen von afrikanischen Sklaven angebaut und nach Europa verschifft.

Währenddessen waren spanische Eroberer im Aztekenreich auf den Kakao gestoßen, der als „Xocolatl" vor allem scharf gewürzt getrunken wurde. In den europäischen Salons wurde der Migrant aus dem Westen erst durch die Mischung mit Zucker immer beliebter. Seit Zucker auch aus der heimischen Runkelrübe hergestellt werden kann, sind der süßen Kreativität keine Grenzen mehr gesetzt. Hingebungsvolle Zuckerbäcker*innen wie die Konditormeisterin Christine Jung gestalten immer raffiniertere Süßspeisen. Nach Patisserie-Stationen auf Sylt und in Stromberg kehrte sie 2011 in ihre „konditorische" Heimat Ingelheim zurück und eröffnete im Herzen der Innenstadt die Confiserie „…Purer Genuss!". In ihrer Manufaktur kreiert sie mit Trinidad-Kakao und Ceylon-Zimt, mit Piemont-Haselnüssen und brasilianischen Tonka-Bohnen wahre Kunstwerke, die in ihrer Vergänglichkeit umso kostbarer sind. Wie soll man im eleganten Café am Sebastian-Münster-Platz nur zwischen all den filigran dekorierten, köstlichen Pralinen und Torten, Macrons und Petits Fours wählen? Kurz – es gibt nur richtige Entscheidungen!

Christine Jung ist eine der ersten Schokoladensommelières weltweit und bei ihren begehrten Confiserie-Workshops gibt sie praxisnahe Einblicke in ihre verführerischen Patisserie-Techniken. Ihre Azubis schneiden regelmäßig als Prüfungsbeste ab, wofür die Konditorei „Purer Genuss!" 2019 von der Handwerkskammer als „Ausgezeichneter Ausbildungsbetrieb Rheinhessen" geehrt wurde.

TIPP: *Die sensationellen Hochzeitstorten versüßen manch schönsten Tag im Leben.*

Binger Straße 88 (Sebastian-Münster-Platz)
https://purer-genuss.de
Alle Ingelheimer Buslinien, Haltestelle Bahnhof Ingelheim

46

Saftige Steaks und samtige Burgunder

„Weber Grill Academy" bei Wasems

Es brutzelt und duftet im alten Klostergemäuer, wenn die Grill-meister*innen sich mehrmals pro Woche die Schürze umbinden und die Türen zur „Weber Grill Academy" öffnen. Die Zisterzien-serinnenabtei Engelthal wurde im 13. Jahrhundert gegründet, um unverheiratete Töchter oder Witwen des Ober-Ingelheimer und Großwinternheimer Adels zu versorgen. Durch Schenkun-gen besaß das Frauenkloster zahlreiche Ländereien und Güter, darunter auch einen der sechs Sporkenheimer Höfe („Am Klos-ter"). In der Abtei hatten die rund 25 Nonnen Zugang zu Bildung und konnten einen gewissen Einfluss ausüben. Doch im 30-jäh-rigen Krieg (1618–1648) kam das Klosterleben vollständig zum Erliegen und die meisten Gebäude wurden zerstört.

Rund 300 Jahre später gründete Julius Wasem im benachbar-ten Adelshof ein Weingut, dessen hochwertige Weine bald in der gesamten Region beliebt waren. Zudem „rettete" er die vom Aussterben bedrohte Frühburgunderrebe, die heute so charak-teristisch für Ingelheim ist. Seine Nachfahren führen das Tradi-tionsweingut Julius Wasem & Söhne heute in die Zukunft. 2009 erwarben sie das ehemalige Kloster Engelthal und bauten es zur Weinerlebniswelt mit Vinothek, Restaurant, Eventscheune und Seminarräumen um. Für die beeindruckende Verbindung von historischer Bausubstanz und moderner Architektur ist Wasems Kloster Engelthal mehrfach ausgezeichnet worden, unter ande-rem mit dem „Great Wine Capitals Award" oder als „Höhepunkt deutscher Weinkultur" des deutschen Weininstituts.

Aus der Zeit des Klosterlebens hat sich noch das ehemalige Dormitorium erhalten. Wo die Nonnen früher selig schlum-merten, wird heute den leiblichen Genüssen gefrönt. Unter fachmännischer Anleitung lernen hier angehende Grillprofis in lockerer Stimmung „Weber's Way of Grilling" kennen. Die „We-ber-Stephen Deutschland GmbH", seit 2004 in Ingelheim (heute Rheinstraße 194) ansässig, bietet vergnügliche Einsteiger- und Spezialkurse an, in denen das Grillen von saftigen Steaks, geräu-chertem Lachs oder sogar heiß-kalten Eisbomben perfektioniert wird. Dazu noch ein Glas von Wasems samtig-rundem Spätbur-gunder und der Abend kann nicht schöner werden.

Edelgasse 15
www.weber.com/DE/de/grill-academy und www.wasem.de
Buslinie 613, Haltestelle Ober-Ingelheim, Stiegelpforte

47

„Hoste schun geheert …?"
Der Wochenmarkt auf dem Sebastian-Münster-Platz

Im Unterschied zu traditionellen Marktplätzen, an denen sich auch oft das Rathaus befindet, steckt der Sebastian-Münster-Platz noch in den Kinderschuhen. Ingelheim ist ein Zusammenschluss historisch gewachsener Gemeinden, dem lange ein gemeinsames, attraktives Stadtzentrum fehlte. Erst zu Beginn des 21. Jahrhunderts lautete die ehrgeizige Vision: Ingelheim braucht eine „Neue Mitte". Und so wurde unter anderem 2011 das gleichnamige Einkaufszentrum eröffnet, in dem es sich ausgiebig bummeln lässt. Ob man einen edlen Mantel oder ein Paar lässige Jeans sucht, eine neue Brille benötigt, sich eine Maniküre gönnt oder den Großeinkauf erledigen will – in der „Neuen Mitte" kann all dies auf kurzen Wegen erledigt werden.

An zentraler Stelle entstand der großzügige Sebastian-Münster-Platz, von vielen Ingelheimer*innen kurz „Stadtplatz" genannt. Mitten im Herzen Ingelheims trifft man sich, hier tauscht man – typisch rheinhessisch – die neuesten Neuigkeiten aus. Mittwochnachmittags und samstagvormittags zieht das bunte Markttreiben auf dem Sebastian-Münster-Platz ein. An den abwechslungsreichen Ständen des Wochenmarktes kann man seinen Speisezettel mit regionalen, frischen Lebensmitteln ergänzen: selbst geschleuderter Honig, knackiges Obst und Gemüse, frischer Fisch, Käsespezialitäten, köstliche Biobackwaren, duftende Kräuter, sogar Antipasti und farbenfrohe Blumen. Diese Qualität sieht, riecht und schmeckt man.

Dazwischen laden Imbissstände zum genussvollen Verweilen ein. Den etwas größeren Hunger kann man in den Restaurants „Nonna Martha", „Pizzeria Europa da Bruno" und „Pizzeria MaNi" rund um den Marktplatz stillen. Um das süße Vergnügen kümmern sich das Eiscafé „La Gondola", die Waffelbäckerei im „Teekännchen" (s. S. 40) und die Konditorei „… Purer Genuss!" (s. S. 98). Bei milden Temperaturen sitzt man auf den Sommerterrassen und lässt das Markttreiben gemütlich an sich vorüber ziehen. Wenn die Sonne auf der Nase kitzelt, fühlt man sich bisweilen wie im Mittelmeerurlaub. Doch „Weck, Worscht un Woi" erinnern beim Marktfrühstück (März bis September) daran, dass man im idyllischen Rheinhessen das Leben ebenso genießen kann.

Sebastian-Münster-Platz
www.ingelheim.de/leben-soziales/einkaufen/wochenmarkt
Alle Ingelheimer Buslinien, Haltestelle Bahnhof Ingelheim

48

„Wo's (Öko-)Sträußche hängt, werd ausgeschenkt!"
Die Straußwirtschaft des Bioweinguts Huster

Klar, die Römer brachten den Weinanbau nach Rheinhessen! Diese Legende hält sich standhaft, doch existiert noch kein eindeutiger Beweis, dass der Beginn des rheinhessischen Weinbaus in der Römerzeit zu finden ist. Doch auch wenn die hiesige Weingeschichte nicht so weit zurückreicht, ist das heutige Rheinhessen mit über 25.000 Hektar Rebfläche mittlerweile das größte Weinanbaugebiet Deutschlands. In rund 100 saisonal geöffneten Straußwirtschaften laden die rheinhessischen Winzer*innen zum Genuss des eigenen Weins ein und servieren dazu typische Kleinigkeiten wie Spundekäs oder Wingertsknorze. In urigen Weingewölben, historischen „Kuhkapellen" oder mediterranen Innenhöfen können die Gäste deftig schlemmen und bei einem Gläschen mit dem*der Winzer*in fachsimpeln. Eine der schönsten Straußwirtschaften liegt in Ingelheim: Das Großwinternheimer Weingut Huster wurde vom „Weinkompass Rheinhessen" zu den zehn empfehlenswertesten Gutsschänken gezählt. In der Kategorie „Essen" wurde der fantasievollen und hochwertigen Regionalküche mit vielen Bioprodukten sogar die Goldmedaille verliehen. Die leidenschaftliche Chefköchin Jutta Huster legt in der Frühlingssaison den Fokus auf einfallsreiche Gerichte mit Ingelheimer Spargel, den sie z.B. elegant mit Trüffelöl anrichtet. Während der Herbstsaison stehen regionale Zutaten wie Kürbis und Maronen, Pilze und Wild auf ihrer Speisekarte, die von innen wärmen, wenn's draußen nieselt und stürmt.
Eine enge Verbindung zur Natur bildet auch das Fundament der Huster'schen Weinproduktion. Schon seit 1994 bewirtschaftet Raimund Huster seine Weinberge nach streng ökologischen Kriterien. Zusammen mit seinem Sohn, Weinbauingenieur Tobias Huster, liest der Biowein-Pionier die Trauben für ausgesuchte Weine nach wie vor per Hand und verzichtet auf zu hohe Erträge. Anstatt Pestizide zu spritzen, werden im Weinberg Nützlinge wie Marienkäfer oder Schlupfwespen angesiedelt. Auch ein nachhaltiger Umgang mit Wasser und Boden kennzeichnet Husters arbeitsintensive Art des Bioweinanbaus. So entstehen vegane Weine, die gut zur Natur sind – und in der gastfreundlichen Straußwirtschaft besonders köstlich schmecken.

Rosenstraße 13, Großwinternheim
https://weingut-huster.de
Buslinien 640, 643, 75, Haltestelle Großwinternheim, Kirche

49

Weltmeistergenuss
„Pizzeria Capri"

Schon einmal Meisterpizza probiert? Seit sich der leidenschaftliche Pizzabäcker Francesco Ialazzo 2006 mit seiner „Pizzeria Capri" am Ober-Ingelheimer Marktplatz niedergelassen hat, kommen die Ingelheimer*innen in diesen preisgekrönten Genuss. Wer sich die Goldgewinnerin der Deutschen Meisterschaft 2009 auf der Zunge zergehen lassen möchte, bestellt beim Maestro „Pizza Sofia", die u.a. mit Büffelmozzarella, Kirschtomaten, Kohlblättern und Salsiccia-Wurst ebenso kreativ wie geschmackvoll belegt ist. In die Top 10 der Pizza-Weltmeisterschaft 2014 in Neapel schaffte es „Pizza Sorrentina", die mit Büffelmozzarella, Olivenöl, Kirschtomaten und Basilikum nicht nur vegetarische Genießer*innen begeistert.

Francesco Ialazzos Geheimnis liegt in den hochwertigen Zutaten, aber auch im typisch neapolitanischen Teig. Schon als Neunjähriger schuf er auf Sizilien die erste eigene Pizza. Nach der Schulausbildung zog es ihn an die renommierte Pizzaschule in Neapel, wo er sich intensiv mit der hohen Kunst der Teigzubereitung beschäftigte. Neben Wasser, Hefe und Salz stecken allein sieben verschiedene Mehlsorten in Ialazzos Rezeptur. Erst wenn sich dem erwartungsvollen Gast beim Aufschneiden des dicken Randes eine luftige Teigstruktur wie Bienenwaben offenbart, ist der Meisterbäcker zufrieden.

Die wahre Kunst des neapolitanischen Pizzabackens zeigt sich bei der Zubereitung von „Pizza Margherita". Ob diese wirklich zu Ehren der Königin Margherita (1851-1926) in den italienischen Nationalfarben geschaffen wurde? Eine zweite Theorie besagt, dass die Mozzarellascheiben ursprünglich wie eine Margerite angeordnet waren. Ob nun königlichen oder botanischen Ursprungs – in Deutschland beherrscht kein Pizzabäcker die Spezialität so gut wie der Wahl-Ingelheimer Francesco Ialazzo. Dafür wurde er 2019 von der „Associazione Pizzaiuoli Napoletani" mit dem „Goldenen Pizzateller" geehrt und erbackte den 3. Platz der „Weltmeisterschaft der Weltmeister". Und davon profitieren die Gäste im Restaurant oder auf der Sommerterrasse. Für wunderbare Augenblicke verwandelt sich dann der historische Ober-Ingelheimer Marktplatz in eine mediterrane Piazza in Bella Napoli.

Marktplatz 11
http://pizzeriacapri.de
Buslinien 613, 618, 640, 643, 75, Haltestelle Ober-Ingelheim, Marktplatz

50

Erste Adresse für Gourmets
Der Sandhof „Dirk Maus"

Weltklassegastronomie in rheinhessischem Kleid – dies bietet der Sandhof in Heidesheim. Nach vielen Wanderjahren hat sich der Sternekoch Dirk Maus 2013 einen Traum verwirklicht und in der denkmalgeschützten Mühle ein exklusives Gourmetrestaurant mit angeschlossenem Landgasthaus eröffnet.

Der Sandhof wurde im 12. Jahrhundert gegründet und diente dem Rheingauer Zisterzienserkloster Eberbach als landwirtschaftlicher Gutshof. Mehr als 600 Jahre wurde der Hof bewirtschaftet, ein Drittel der Ernte war dem Kloster vorbehalten. Eine Ringmauer umschloss den begüterten Agrarbetrieb und ist noch heute teilweise erhalten. Viele der Gebäude wurden jedoch im 30-jährigen Krieg (1618–1648) zerstört und im 18. Jahrhundert neu erbaut, darunter das barocke Herrenhaus, eine Zehntscheune / Mühle sowie weitere Wirtschaftsgebäude. Zu dieser Zeit war der Sandhof besonders für seine Schafzucht bekannt: Wolle wurde auf dem Frankfurter Markt verkauft, Schafskäse bis nach Köln verschifft.

Seit 1800 befindet sich der Sandhof in Privatbesitz. 2006 erwarb der Gourmetkoch Dirk Maus die ehemalige Zehntscheune, die zwischen 1808 und den 1930er-Jahren als Getreidemühle diente. In enger Zusammenarbeit mit der Denkmalpflege verwandelte er das historische Gebäude in ein gastronomisches Juwel. Das Konzept ruht auf drei Standbeinen: einem Landgasthaus, einem exklusiven Gourmetrestaurant und einer Veranstaltungsscheune. Auch wenn sich in dem Bruchsteinbau keine Mühlräder mehr drehen, hat sich sein vorindustrieller Charme erhalten und geht mit der eleganten Möblierung eine stilvolle Verbindung ein.

Tradition und Moderne, Regionalität und Weltgewandtheit vereinen – dies entspricht auch Dirk Maus' kulinarischem Anspruch. Im Landgasthof wird erstklassige Landküche mit außergewöhnlichen Akzenten geboten, von Barbarie-Entenbrust mit Purple Curry bis hin zu Pluma vom Iberico mit getrüffelten Gnocchi. Währenddessen können sich Genießer*innen im vier Tische umfassenden Feinschmeckerlokal auf der Empore von Haute Cuisine verwöhnen lassen: Bereits kurz nach der Eröffnung erkochte sich Dirk Maus für seine Heidesheimer Kreationen auf Weltklasse-Niveau erneut einen Michelin-Stern.

Am Sandhof 7, Heidesheim
http://dirk-maus.de
Buslinien 620 und 619, Haltestelle Sandmühle

51

Hochkarätiger Kulturgenuss
Die kING – Kultur- und Kongresshalle Ingelheim am Rhein

Schon architektonisch kann sich die (nicht *der*) kING sehen lassen! Fast futuristisch mutet die 2017 eröffnete Kultur- und Kongresshalle an, deren Fassade aus 1.700 Einzelteilen – und keinem rechten Winkel – besteht. Besonders beeindruckend wirkt das neue Ingelheimer Wahrzeichen, wenn farbiges Licht durch die über 320 Fenster auf den davor liegenden Fridtjof-Nansen-Platz strahlt: ein „Leuchtturm" für Gäste und ein Highlight für Fotograf*innen. Im Foyer setzt sich das urbane Flair weiter fort, denn auch der weitläufige und offene Eingangsbereich präsentiert sich von seiner polygonalen Seite. Hier sind nicht nur Garderobe und Gastronomie zu finden, sondern das Foyer wird auch durch kleinere Produktionen kulturell bespielt. Die „Förderer der Kleinkunst Ingelheim" fanden hier für ihr sorgfältig ausgewähltes Erwachsenenprogramm eine dauerhafte Spielstätte (s. S. 112).

Das Herz der kING bildet der große, barrierefreie Veranstaltungssaal. Ob Symphoniekonzert oder Oper, ob Varieté oder Ballett, ob Comedyabend oder Kinderkonzert, hier kommen anspruchsvolle Kulturfans auf ihre Kosten. Ein jährlicher Höhepunkt ist der „Konzertfrühling Ingelheim": eine abwechslungsreiche Konzertreihe für große und kleine Zuhörer*innen aus der gesamten Region, die vom angesehenen „Rheingau Musik Festival" veranstaltet wird. Viele Stars internationaler Bühnen genießen die herausragende Klangqualität der kING. Die Akustikanlage, die aus 180 Lautsprechern und 32 Mikrofonen besteht, wird auf Knopfdruck den unterschiedlichen Veranstaltungsformaten angepasst und wurde 2018 mit dem internationalen „InAvation-Award" ausgezeichnet. Sogar 3D-Surround-Effekte sind in der kING problemlos möglich. Übrigens: Der Name „kING" verweist nicht nur auf moderne **IN**-**G**elheimer **K**ultur und zeitgemäße **K**ongresse (auch die sind hier möglich), sondern spannt zudem den Bogen zur bedeutenden Vergangenheit Ingelheims als Aufenthaltsort mittelalterlicher Kaiser und Könige (s. S. 72).

TIPP: *Gegen den kleinen Hunger vor oder nach dem Kulturgenuss bietet das gegenüberliegende Bistro „Karl" (Fridtjof-Nansen-Platz 3) spanische und rheinhessische Tapas.*

Fridtjof-Nansen-Platz 5
www.king-ingelheim.de
Buslinien 612, 613, 618, 75, 640, 643, Haltestelle Nieder-Ingelheim,
Gartenfeldstr./kING

„Lasst Euch verzaubern!"
Das Kinderprogramm der Förderer der Kleinkunst

Was wäre die Ingelheimer Kulturszene ohne das intime, oft zeit-kritische Genre der Kleinkunst, die von ihrer großen Nähe zwischen Publikum und Künstler*innen lebt?

Der 1982 gegründete Verein „Förderer der Kleinkunst" hatte 24 Jahre lang im ehemaligen „KellerKunstKeller" ein festes Zuhause und lud regelmäßig Jazzcombos und Kabarettist*innen, Chansoniers und Liedermacher*innen nach Ingelheim ein. Zwischen 2007 und 2019 war das Kleinkunstprogramm auf wechselnden Bühnen zu Gast. Mittlerweile finden die vereinseigenen Abendveranstaltungen im architektonisch reizvollen „Kleinkunst-Foyer" oder auf der großen „Kleinkunst-Bühne" der Kultur- und Kongresshalle kING (s. S. 110) statt. Kleinkunst ist aber auch Kunst für die Kleinen! Doch so weit die Theatergeschichte zurückreicht, so kurz ist die Tradition des Kindertheaters. Eine Darstellungsform speziell für junge Zuschauer*innen, mit eigenem Repertoire und eigener ästhetischer Formensprache, entwickelte sich in Deutschland erst in den 1970er-Jahren und beschränkte sich zunächst auf Weihnachtsmärchen.

Die Ingelheimer „Förderer der Kleinkunst" nehmen Kinder als Theaterbesucher*innen ernst. An acht Nachmittagen im Jahr laden sie in die Aula des Sebastian-Münster-Gymnasiums ein und präsentieren kindgerechte Theaterkunst auf hohem ästhetischem Niveau. Ausgebildete Schauspieler*innen und prämierte Bühnenensembles wecken in ihren abwechslungsreichen Stücken die Neugierde der Kinder, regen zu Diskussionen an und verbreiten positive Werte. Auch Musik spielt bei den meisten Aufführungen eine große Rolle. Reinrufen erlaubt: Besonders beliebt unter dem jungen Ingelheimer Publikum sind Mitspiel-Theater, an denen die Kinder aktiv teilnehmen – und dadurch mitdenken – können. Professionelle Puppentheater entführen die kleinen Zuschauer*innen mit ihren Marionetten oder Klappmaul-Puppen in eine abenteuerliche Fantasiewelt, während Zaubertheater Kindermünder zum Staunen und Kinderaugen zum Strahlen bringen. Das junge Programm der Kleinkunst-Förderer bietet nicht nur Quatsch und Klamauk, sondern anspruchsvolles, positives, verblüffendes Vergnügen zum Mitmachen und Mitlachen.

Friedrich-Ebert-Straße 13 (Sebastian-Münster-Gymnasium)
https://foerderer-der-kleinkunst.de
Buslinien 612, 613, 618, 75, 640, 643, Haltestelle Nieder-Ingelheim, Gartenfeldstr./kING

53 Cineastische Events an ausgefallenen Orten

Das Wanderkino der „Freunde Ingelheimer Filmkultur"

Schon die ungewöhnliche Schreibweise des Vereins „Freunde Ingelheimer Filmkultur" – F!F – macht deutlich: Hier engagieren sich kreative Köpfe mit Liebe zur Kunst auch jenseits des Mainstreams. 2012 gegründet, hat sich der junge Verein in kürzester Zeit in Ingelheims Kulturszene etabliert. Da keine dauerhafte Filmstätte zur Verfügung steht, machten die Filmfreund*innen aus der Not eine Tugend und setzten auf das Konzept „Wanderkino". Die außergewöhnlichsten Orte in Ingelheim und Umgebung verwandeln sich jeweils für einen Abend in ein individuelles Programmkino. So flimmern thematisch passende Filme in der Thronhalle Karls des Großen oder auf dem Finthener Flugplatz, in einer Zimmerei oder dem alten E-Werk (s. S. 14), in Kelterhallen oder auf einem Lastkahn am Rhein über die Leinwand.

Bei der Filmauswahl sind weder Massengefälligkeit, noch der kommerzielle Erfolg an den Kinokassen von Bedeutung. Im Vordergrund steht das große Spektrum internationaler Dokumentationen und Nischenfilme. Immer mehr Ingelheimer*innen entdecken dadurch ihre Liebe zum anspruchsvollen Kino. Auf ihrer cineastischen Bildungsreise werden sie von den Filmfreund*innen an die kompetente Hand genommen, denn Diskussionen und Gesprächsrunden ordnen das Gesehene ein und lassen das Publikum einen erhellenden Blick hinter die Kulissen des Filmschaffens werfen. Zuweilen können sogar die jeweils anwesenden Filmemacher*innen persönlich mit neugierigen Fragen gelöchert werden. Die Nähe zum medientheoretischen Institut der Hochschule Mainz ermöglicht es dem Verein zudem, eigene Reportagen zu produzieren. So entstand 2019 – in Kooperation mit dem rheinland-pfälzischen Kultursommer – eine filmische Dokumentation über Neu-Ingelheimer*innen, die am Rhein eine zweite Heimat gefunden haben. Neben besonderen Filmen, besonderen Orten und einem besonderen Begleitprogramm (zum Beispiel Vorfilme oder kleine Konzerte) werden die „F!Figen" Filmabende schließlich auch durch ihren kulinarischen Anspruch geprägt. Bei Ingelheimer Weinen und sorgfältig ausgewählten Snacks können die neu gewonnenen cineastischen Eindrücke in entspannter Atmosphäre nachwirken.

Wechselnde Spielorte
www.filmfreunde-ingelheim.de

54 Von Politik, Polka und Pokerrunden

„Gesellige Unterhaltung" im Haus Burggarten

Lange war es ruhig um ihn: Der Verein Haus Burggarten döste im Dornröschenschlaf vor sich hin. Dabei strotzte der älteste Verein Rheinhessens – damals noch unter dem Namen „Casino-Gesellschaft Ober-Ingelheim" – während seiner ersten Jahrzehnte vor politischer und kultureller Tatkraft. Nach der Französischen Revolution 1789 bildeten sich in ganz Europa Casino-Gesellschaften, unter deren Dach die männliche Hautevolee in geselliger Runde zusammenkam. Gemeinsam wurde dem Karten-, Billard- oder Kegelspiel gefrönt und die neuesten Nachrichten wurden diskutiert. Anfang des 19. Jahrhunderts gründete sich auch die Ober-Ingelheimer Casino-Gesellschaft. Als 1846 ihre ersten Statuten notiert wurden, wurde als offizieller Zweck die „gesellige Unterhaltung" angegeben. Gleichzeitig waren viele Vorstandsmitglieder aktive Revolutionäre der 1848er-Bewegung, allen voran der Jurist Dr. Martin Mohr (1788–1865, s. S. 84).

Nach dem Scheitern der revolutionären Ideen konzentrierten sich die Aktivitäten der Casino-Gesellschaft wieder vermehrt auf gesellschaftliche Vergnügungen wie Kegeln, Konzerte und Theateraufführungen. Zum Gemeinschaftsleben hatten – nach längeren Diskussionen – nun auch männliche Nieder-Ingelheimer Zutritt. 1881 konnte die Gesellschaft ein eigenes Domizil erwerben und so zogen Geselligkeit und Frohsinn in das von einer Parkanlage (inklusive Teilstück der mittelalterlichen Ortsbefestigung) umgebene Gebäude ein. 1937 erfolgte auf Druck der NSDAP die Umbenennung in „Verein Haus Burggarten". Die Mitgliederzahl – Frauen waren nun auch zugelassen – schwankte während der kommenden Jahrzehnte zwischen elf (1952) und 136 (1980) und nahm seit Beginn des neuen Jahrtausends stetig ab. Doch seit 2018 weht wieder ein frischer Wind durch den Verein. Man besann sich auf die anspruchsvoll-vergnügliche Tradition der Casino-Gesellschaft und rief unter anderem die unterhaltsame Konzertreihe „Aus dem musikalischen Nähkästchen …" ins Leben. Daneben öffneten sich die Mitglieder für fruchtbare Kooperationen wie mit dem Museum bei der Kaiserpfalz (s. S. 144), dem WBZ, dem Historischen Verein oder den Filmfreunden (s. S. 114). Der Verein ist aus dem Dornröschenschlaf erwacht!

An der Burgkirche 13
www.haus-burggarten.info
Buslinien 613, 618, 640, 643, 75, Haltestelle Ober-Ingelheim, Marktplatz

Ton ab und Hut ab!
Die Musikschulkonzerte

Wer am Tag der offenen Tür die Musikschule des Weiterbildungszentrums betritt, erhält einen akustischen Eindruck vom riesigen Angebotsspektrum der über 50 Lehrer*innen. Jede*r darf an diesem Tag aufs Schlagzeug trommeln oder in die Posaune tröten, je nachdem, was das musikalisch-neugierige Herz begehrt. Ein großer Spaß für die vielen Kinder – und auch für so manche Erwachsenen.

Im Musikschulalltag geht es disziplinierter zu, doch herrscht dabei ebenso viel Freude am Musizieren. Fast 3.000 Schüler*innen im Alter von drei bis 80 Jahren besuchen die Musikschule, was sie zur zweitgrößten in Rheinland-Pfalz macht. Auch residiert sie im wohl modernsten Gebäude: dem 2017 eröffneten Fridtjof-Nansen-Haus in prominenter Lage neben dem Ingelheimer Rathaus und der Kultur- und Kongresshalle kING. Der kubische Bau teilt sich in zwei Flügel, wobei der Gebäuderiegel in Richtung Innenstadt zum Großteil der Musikschule vorbehalten ist.

Diesen geräumigen Platz weiß die Musikschulleiterin Christel Bieger klug zu füllen. Schon die Kleinsten werden im „Musikgarten" spielerisch an ein klangvolles Leben herangeführt. Während der musikalischen Früherziehung oder Grundausbildung erhalten die Kinder erste Einblicke in die instrumentellen Möglichkeiten. Anschließend können sie zwischen 27 Instrumenten wählen oder sich alternativ für Gesangsunterricht entscheiden. Doch weil das alleinige Musizieren auf die Dauer oft langweilig ist, haben sich in der Musikschule zahlreiche Ensembles, Chöre und Bands gebildet, die verschiedene Stile abdecken.

Absolutes Highlight für alle aufgeregten Schüler*innen – und ihre nicht minder aufgeregten Familienmitglieder – sind die Konzerte, die oft im großen Saal auf der professionell ausgestatteten Bühne stattfinden. Da fühlt sich manch junger Violinist oder manch junge Schlagzeugerin wie ein richtiger Star. Ob „Ton ab!"-Schülerkonzerte oder feierliche Jahreskonzerte, ob Band Nights der „Rock/Pop/Jazz Factory" oder „Offene Bühnen", ob Lehrerkonzerte oder die zweijährliche „EuropaOrchesterWoche" – bei diesen klingenden Veranstaltungen können sich alle Musikliebhaber*innen vom hohen Niveau des Unterrichts begeistern lassen.

Fridtjof-Nansen-Platz 3
www.wbz-ingelheim.de/musikschule
Buslinien 612, 613, 618, 75, 640, 643, Haltestelle Nieder-Ingelheim, Gartenfeldstr./kING

56

Ohrwurmgarantie im Selztal

Das Pferdemusical „Happy Horses" in der Eulenmühle

Schon die Anreise weckt Urlaubsgefühle: Die historische Eulenmühle liegt etwas außerhalb von Großwinternheim, sanft eingebettet im Selztal zwischen Pferdekoppeln und Weinreben. Wohl im 17. Jahrhundert errichtet, war sie eine der rund 40 Getreide- und Ölmühlen, die durch das Wasser der Selz angetrieben wurden und so das Bild des rheinhessischen Flüsschens prägten. Allein im Ingelheimer Stadtgebiet drehten sich sechs Mühlräder: an der Eulenmühle, der Layenmühle, der Engelthaler Klostermühle, der Himmelsmühle, der Griesmühle und der Neumühle.

Die Umwandlung vom Mahlbetrieb zum Pferdehof ist eng mit der vermögenden Unternehmerfamilie von Opel verbunden. Als die 21-jährige Springreiterin Irmgard von Opel (1907–1986) 1928 die Bewirtschaftung des Ingelheimer Hofguts Westerhaus (s. S. 12) mit Pferdegestüt übernahm, erwarb sie auch die nah gelegene Eulenmühle mitsamt ihrer Wasserrechte. Nach 50 Jahren erfolgreicher Führung übergab Irmgard von Opel ihrem jüngeren Sohn Heinz (1943–2006) die Leitung des Hofguts und zog sich 1979 in die Eulenmühle zurück. Dort ließ die noch im Alter passionierte Reiterin großzügige Pferdeställe und einen Springplatz anlegen. Als Wiltrud und Norbert Heine 1998 die Eulenmühle bezogen, erfüllten sie sich mit der Erweiterung zur professionellen Reitanlage einen Lebenstraum. Heute sind in dem jahrhundertealten Gebäudekomplex auch Gästezimmer im Landhausstil und der Gasthof „Eulenschänke" untergebracht. Die einfallsreichen Besitzer öffnen ihre knarzenden Hoftore regelmäßig für Reitkurse und Adventsmärkte, Yogatreats und Coachingseminare.

Fröhlicher Veranstaltungshöhepunkt ist das mit Profimusiker*innen entwickelte Pferdemusical, an dem echte – und weniger echte – Tiere mitwirken. Mehrfach jährlich erzählt „Happy Horses" am Beispiel des lahmen Haflingers Eduard, welche Hindernisse einem glücklichen Pferdeleben im Weg stehen. Besonders die jüngeren Zuschauer*innen stimmen schnell in die zwölf mitreißenden Lieder ein und singen noch auf dem Rückweg: „Du bist ok, so wie du bist!". Für die bedürfnisgerechte Pferdehaltung wurde der Tierschutzverein „Pro Equis" der Eulenmühle übrigens mehrfach ausgezeichnet.

Eulenmühle Großwinternheim
www.eulenmuehle.de
Buslinien 640, 643, 75, Haltestelle Großwinternheim, Zur Eulenmühle

57

Federn, Tüll und ganz viel Strass

Das Showtanzturnier der Tanzgruppe „Just 4 Fun"

„Der erste Platz geht an …" Wenn die Ehrung der besten Performance kurz bevor steht, vibriert die ausverkaufte TG-Turnhalle vor Nervosität. Es ist wieder „Just 4 Fun"-Showtanzturnier!

Showtanz entwickelte sich in den 1980er-Jahren aus dem Gardeballett der regionalen Fastnachtsvereine. Innerhalb der Showtanzszene stellt Ingelheim eine der Hochburgen dar und hat zahlreiche rheinhessische und rheinland-pfälzische Meister hervorgebracht. Eine der ältesten und erfolgreichsten Formationen ist „Just 4 Fun". Die Showtanzgruppe wurde 1985 von Gardetänzerinnen des Carneval-Vereins Frei-Weinheim gegründet und an den VfL Frei-Weinheim angedockt. Die Showtänzerinnen – später kamen auch Showtänzer hinzu – finden ihre Inspirationen im Jazz und Modern Dance, im Musical und im Varieté. Typisch sind synchrone Gruppenteile, die sich mit effektvollen Hebefiguren und akrobatischen Elementen abwechseln. Und wenn die Tänzer*innen aufwändige Requisiten nutzen oder überraschende Kostümwechsel vollziehen, sind die Grenzen zum Tanztheater fließend.

Wie alle Showtanzgruppen, wählt auch „Just 4 Fun" jede Saison ein neues Motto, aus dem sich Liedauswahl, Choreografie und Kostüme ergeben. Die fantasievollen Ensembles aus zartem Chiffon, schimmerndem Lycra und glänzenden Pailletten werden individuell angefertigt. Für die Transformation in ihr tänzerisches Alter Ego müssen besonders die weiblichen Mitglieder viele Stunden einplanen: Kunstwimpern werden geklebt, Augenlider geschminkt, Strass-Steinchen befestigt, Haare hochgesteckt.

Derart professionalisiert, treten die Showtanzgruppen nicht nur zur Fastnachtszeit oder bei festlichen Anlässen auf, sondern messen sich untereinander. 1988 lud „Just 4 Fun" zum ersten Ingelheimer Wettkampf ein und veranstaltet seitdem mit viel Leidenschaft (und unter wechselnder Vereinsfahne) einen jährlichen Showtanzwettbewerb. Gruppen aus der gesamten Region präsentieren auf der üppig dekorierten Ingelheimer Bühne stolz ihr tänzerisches Können. Und wenn die Punkte der erfahrenen Wertungsrichter*innen gegen Mitternacht ausgezählt sind, steht das heiß ersehnte Ergebnis endlich fest: „Der erste Platz geht an …!"

Vereinsturnhalle der TG 1847 Nieder-Ingelheim, Ludwig-Langstädter-Str. 2
https://just4fun.cvfw.de/index2.html
Buslinien 614, 618, 619, Haltestelle Nieder-Ingelheim, Yellow/Realschule

58

Love, Peace and Happiness
Das Eurofolkfestival

1969 fand – im Kontext von Vietnamkrieg, sexueller Befreiung und Politisierung der Jugend – das legendäre Woodstock-Festival im Bundesstaat New York statt. Schnell schwappte die Festivaleuphorie über den Atlantik und erreichte früh Ingelheim: 1972 campierten erstmals hunderte Musikbegeisterte rund um die Burgkirche und brachten für drei Tage den Räucherstäbchenduft einer neuen, weltoffenen Zeit mit nach Ingelheim. Auf der Bühne wechselten sich junge deutsche Liedermacher mit modern interpretierter, europäischer Volksmusik ab. Das Eurofolkfestival war geboren.

Noch heute atmen die Besucher*innen des mittlerweile ältesten Folkfestivals in Deutschland diese friedliche, bunte Atmosphäre ein. Beim Anblick der buddhistischen Gebetsfahnen und VW-Busse mit Flower-Power-Bemalung fühlt man sich bisweilen in die wilden 1970er-Jahre zurückversetzt. An Verkaufsständen können die bis zu 3.000 „Folkies" handgefertigte Kleider, Klangschalen oder Schnitzkunst erstehen. Ein umfangreiches Kinderprogramm, Yogastunden, Feuershows, Workshops, historische Führungen sowie nicht zuletzt die Zeltstadt am romantischen Seufzerpfädchen oder über den Dächern Ingelheims machen das Eurofolkfestival im Juni/Juli zu einem „Festival der Generationen".

Auf den beiden Open-Air-Bühnen vor der historischen Turnhalle und im Rosengärtchen paart sich professionelle Performance mit musikalischer Freiheit. Die Künstler*innen jenseits des kommerziellen Mainstreams sind in den unterschiedlichsten Klangkulturen zuhause und beherrschen die indische Sitar oder die mongolische Morin Khuur, die westafrikanische Kora oder die irische Fidel. Gemeinsam ist ihnen die Liebe zur handgemachten, akustischen Musik. Noch immer mischen sich auch gesellschaftskritische Protestsongs unter das Ingelheimer Repertoire – ganz im Sinne der politischen Festivaltradition. Und auch die Festivalbesucher*innen greifen gern selbst in die Saiten oder trommeln auf ihren Djemben, so dass noch bis weit in die Nacht pulsierende Klänge von Freiheit und Liebe über die sommerlichen Weinberge ziehen.

Festplatz an der Burgkirche
www.eurofolkfestival.de
Buslinien 613, 618, 640, 643, 75, Haltestelle Ober-Ingelheim Marktplatz

59

Sommerliche After-Work-Party „Donnerstags in der City"

Wenn die Ingelheimer*innen aus dem Sommerurlaub zurückgekehrt und die abendlichen Temperaturen noch mild sind, vibriert donnerstags die Neue Mitte. An sechs aufeinanderfolgenden Donnerstagen rocken, jazzen und grooven regionale Musiker*innen unter dem Motto „Ingelheim – da ist Musik drin" den Sebastian-Münster-Platz. Die seit 2013 angebotenen – und für das Publikum kostenlosen – Open-Air-Konzerte sind mittlerweile unverzichtbarer Bestandteil der Ingelheimer Festkultur.

Sobald um 19 Uhr die meisten umliegenden Geschäfte schließen, heißt es auf der großen Bühne: „Herzlich willkommen zu DIDC!" Nach Arbeitstag und Einkaufsbummel kann nun der Sommerabend bei toller Live-Musik schwungvoll ausklingen. Dabei setzen die Organisator*innen der Ingelheimer Kultur und Marketing GmbH (IKuM) auf ein großes Genrespektrum, um viele Musikgeschmäcker zu treffen. Auf Salsa-Musik folgt eine Woche später Country, Reggae wechselt sich mit Rock'n'Roll und Irish Folk mit bunter Discomusik der 1960er Jahre ab. Auch musikalische Lokalstars wie die Ingelheimer Band DisCover (s. S. 40) sind traditionell Teil des abwechslungsreichen Programms.

Am Rande des Konzertplatzes sorgen die ansässigen Restaurants „Nonna Martha", „Pizzeria Europa da Bruno", „Istanbul" und „Pizzeria MaNi" oder das Eiscafé „La Gondola" für die kulinarischen Bedürfnisse des Musikpublikums. Wer vom Mitsingen durstig geworden ist, kann sich mit Bier der Ingelheimer Brauerei „Goldener Engel" (s. S. 92) oder Wein lokaler Winzer*innen erfrischen. Und wenn die Sonne über dem Sebastian-Münster-Platz untergeht, tanzt es sich unterm Sternenzelt nochmal so schön.

TIPP: *Seit 2017 organisiert der Stadtmarketingverein „Lebenswertes Ingelheim" den Ableger „Donnerstags im Advent": An drei Abenden zieht mit Waffeln, Glühwein und Unplugged-Musik gemütliche Weihnachtsstimmung auf den Sebastian-Münster-Platz ein.*

126

Sebastian-Münster-Platz
www.ingelheim-erleben.de/donnerstag-in-der-city
Alle Ingelheimer Buslinien, Haltestelle Bahnhof Ingelheim

60

Aus Liebe zur Sprache
Die Mediathek

Schon von außen strahlt die 2017 eröffnete Mediathek inmitten der Innenstadt eine positive Atmosphäre aus. Während die helle Glas- und Natursteinfassade des kubischen Baus großstädtisches Flair versprüht, vermittelt der vertikale Garten ein Gefühl von Harmonie. Vor dem Eingang wacht der über drei Meter hohe Bücherturm der Bildhauerin Anna Kubach-Wilmsen, der aus Gesteinsarten aller fünf Kontinente gebildet ist und die Entstehung der Erde sowie der Sprache symbolisiert. Der Renate-Wertheim-Platz verbindet die Mediathek mit dem Sebastian-Münster-Gymnasium und hat sich mit seinen organisch geformten Rasenflächen und charakteristischen Tulpensitzen in kürzester Zeit zum beliebten Treffpunkt der Schüler*innen entwickelt.

Auch die Mediathek selbst wird gern als „erweiterter Pausenhof" genutzt, denn die freundliche Stimmung geht im Inneren des barrierefreien Gebäudes weiter. Hell, offen und großzügig präsentiert sich der Ort, der mit der 1950 eröffneten Stadtbücherei und ihren 440 Büchern kaum noch etwas gemein hat. Zwar hängt das Herz der Leiterin Isabell Heinze am Medium Buch, doch finden die Nutzer*innen unter den 30.000 Medien auch zahlreiche Hörbücher, DVDs, Musik-CDs, Konsolen- und Brettspiele. Das digitale Ausleihsystem ist höchst komfortabel, an die Rückgabe der Medien kann man sogar per E-Mail erinnert werden. Und wenn die Technik einmal hakt, ist sofort eine*r der kompetenten Mitarbeiter*innen zur Stelle.

An einem solch schönen Ort verweilt man gerne länger. Jeder Gast findet schnell seinen persönlichen Lieblingsplatz, sei es auf den farbenfrohen Sitzgarnituren, in der Kinderbuchzone, in der LernBar oder in der Jugend-Lounge. Statt auf erhobene Zeigefinger trifft man hier auf fröhliche Gesichter. Zur Aufenthaltsqualität trägt sicher auch das kostenlose W-LAN bei. Die Mediathek begreift sich als vielfältigen Ort der Begegnung, sodass die abwechslungsreichen Veranstaltungen (Vorträge, Vorlesestunden, Videospieletreffs oder Manga-Workshops) die unterschiedlichsten Besucher*innen anziehen. Das beträchtliche Angebotsspektrum der Mediathek befeuert die Ingelheimer Lust am Umgang mit Sprache – und damit auch die Lust am Lesen.

Friedrich-Ebert-Straße 16
https://mediathek.ingelheim.de
Buslinien 612, 613, 618, 75, 640, 643, Haltestelle Nieder-Ingelheim, Gartenfeldstr./kING

61

Sandhase und Erntekrone
„Der Kleine Wagen"
von Petra Goldmann

Der Platz vor dem „Schönborner Hof" war ein wichtiger Ort der Heidesheimer Wasserversorgung. Im späten 19. Jahrhundert wurde die ebenerdige Viehtränke in einen metallenen Laufbrunnen umgewandelt. Sein Wasser speiste zwei gusseiserne Tröge der Rheinböllerhütte. 1937 wurde der Brunnen durch ein quadratisches Wasserbecken aus Sandstein ersetzt, aus dem eine viereckige Säule mit dem Heidesheimer Wappen emporragte. Blockartig, massiv und nüchtern – damit entsprach der Brunnen der zeittypischen Formensprache. Und auch er verschwand im Zuge von Straßenbauarbeiten aus dem Ortsbild.

Das 2003 von der Frei-Weinheimer Metallbildhauerin Petra Goldmann entworfene Wasserkunstwerk „Der Kleine Wagen" bietet heute ein heiteres Kontrastprogramm zu den Vorgängerbrunnen. Die dreiseitige Bronzepyramide fügt sich harmonisch in den neu gestalteten, dreieckigen Ortsplatz ein. Gleichzeitig interpretiert die Skulptur auf fantasievolle Weise einen Umzugswagen des identitätsstiftenden Heidesheimer Erntedankfestes (s. S. 130). Die Wasserfontäne umschließt ein bronzener Früchtekranz, der passenderweise an eine traditionelle Erntekrone erinnert.

Augenzwinkernd zeigen alle drei Räder des Brunnens in die Richtungen der Heidesheimer Partnergemeinden Auxonne (Frankeich), Erfurt-Egstedt und Erfurt-Waltersleben, die auch mit ihren Wappen auf dem Kunstwerk verewigt sind. Daneben sucht ein Bronzehase Schutz vor den prasselnden Tropfen, streckt aber gleichzeitig neugierig sein Köpfchen aus dem Unterschlupf heraus. Petra Goldmann greift damit den Heidesheimer Spitznamen „Sandhase" auf, der vielleicht auf den sandigen Boden der Gemarkung zurückzuführen ist. Heidesheimer Gasthäuser und Vereine nutzen diesen neckenden Namen als selbstironisches Markenzeichen, und der niedliche Nager ziert so manchen Motivwagen des Erntedankumzugs. Schließlich kann man auf Petra Goldmanns Wasserkunstwerk den Verweis auf die karolingische Wasserleitung von den Heidesheimer „Karlsquellen" bis zur Nieder-Ingelheimer Kaiserpfalz entdecken. Der Brunnen vor dem „Schönborner Hof" ist damit ein originales Charakteristikum Heidesheimer Kulturgeschichte.

Mainzer Straße / Clemensstraße, Heidesheim
Buslinien 614, 619, 620, Haltestelle Heidesheim, Freier Platz

62

Kabinettausstellung mit Weltrang

Das Kulturfestival „Internationale Tage" von Boehringer Ingelheim

Wenn alljährlich zwischen Mai und Juli tausende Kunstliebhaber*innen aus der Rhein-Main-Region nach Ingelheim pilgern, dann hat der ansässige Pharmakonzern Boehringer Ingelheim wieder zu seinen „Internationalen Tagen" geladen. 1959 beauftragte Ernst Boehringer (1896–1965) seinen Assistenten, den Schweizer Juristen Dr. François Lachenal (1918–1997), mit der Gründung eines Kulturfestivals. Den Boehringer-Mitarbeiter*innen und allen anderen Ingelheimer*innen sollte ein Hauch Weltkultur nachhause an den Rhein gebracht werden. Das Spektrum der frühen „Internationalen Tage" umfasste nicht nur kultur- und kunsthistorische Ausstellungen, sondern spannte u.a. Gaststätten und Sportvereine, Chöre und Schulen sowie Ingelheimer Einzelhändler mit ein.

Im Laufe der Jahrzehnte kristallisierte sich die hochklassige Kunstausstellung als Zentrum des Kulturengagements heraus. Vor allem die nischenbehafteten „Nebenwege" berühmter Künstler*innen oder Kunstströmungen faszinierten den Gründer Lachenal, aber auch seine Nachfolgerin Dr. Patricia Rochard (von 1988 bis 2012) und Dr. Ulrich Luckhardt (seit 2013). Hohe Fachkompetenz, einzigartige Leihexponate und eine hervorragende Präsentation – diese Ingelheimer Rezeptur findet seit Jahrzehnten in Fachkreisen große Beachtung. Das überregionale Publikum schätzt die abwechslungsreichen Kabinettausstellungen, die das Berlin der 1920er Jahre (1989) oder die Indianer Nordamerikas (1993), den Japonismus (2001) oder das Geheimnis der Fotografie (2003/04), Andy Warhol (2006) oder Paul Klee (2020) in den Fokus rücken.

Von 2016 bis 2018 wurde das Nieder-Ingelheimer Ausstellungsgebäude „Altes Rathaus" (erbaut 1861/62) grundsaniert, großzügig erweitert und in das hochmoderne – und nun barrierefreie – „Kunstforum Ingelheim" umgewandelt. Heute erwarten die Besucher*innen in vier eleganten Galerien und einem unterirdischen Ausstellungsraum eigens inszenierte Kunstwelten. Eingebettet sind die „Internationalen Tage", wie schon zu Gründungszeiten, in ein dichtes Rahmenprogramm Ingelheimer Kulturschaffender. Höhepunkt ist die atmosphärische „Nacht der Kunst", die zu geballtem Kulturgenuss unterm Sternenhimmel verführt.

François-Lachenal-Platz 1, Eingang: Natalie-von-Harder-Straße
www.internationale-tage.de
Buslinien 611, 619, 620, Haltestelle Nieder-Ingelheim, F.-Lachenal-Platz

Gesamtkunstwerk des rheinhessischen Jugendstils

Gustav-Adolf-Kirche Frei-Weinheim

Rein äußerlich fügt sich die evangelische Gustav-Adolf-Kirche aus rheinhessischem Bruchstein harmonisch und fast unauffällig in ihr Frei-Weinheimer Umfeld ein. Doch wer die 1910 errichtete Kirche betritt, dem öffnet sie ihr Inneres wie eine kunsthistorische Schatzkiste.

Ihr Vorgängerbau war noch wenig beeindruckend. In einer bescheidenen Kapelle (Kirchstr. 11-13, heute nicht mehr vorhanden) versammelte sich die arme evangelische Gemeinde Frei-Weinheims ab 1739 zum Gottesdienst. Als diese kleine Kirche Anfang des 20. Jahrhunderts marode und für die angewachsene Zahl an Gemeindemitgliedern zu eng geworden war, entschlossen diese sich schweren Herzens für einen Neubau. Über Jahre hinweg wurden Spenden gesammelt und sogar ein Bittbrief an Zarin Alexandra Fjodorowna (1872–1918) versendet, der jedoch nie beantwortet wurde. Dennoch konnte 1909 schließlich mit dem Bau begonnen werden. Darmstadts Künstlerkolonie Mathildenhöhe hatte sich seit 1899 zu einem Zentrum der Jugendstilbewegung entwickelt. Dieser Schule entstammte auch das bedeutende Architektenbüro „Mahr & Markwort", das mit dem Frei-Weinheimer Kirchenbau beauftragt wurde. Im Vordergrund stand die künstlerische Vision, ein in sich stimmiges Gesamtensemble zu kreieren. Ob Bodenbelag oder Altar, ob Schwung des Schieferdachs oder der Fenster – alle Details sollten harmonisch zueinander passen. Einen unverzichtbaren Beitrag dazu leistete die strahlendfiligrane Innenbemalung, die von dem renommierten Frankfurter Wandkünstler Otto Linnemann (1876-1961) gestaltet wurde. Spiralen auf taubenblauem Grund wechselten sich mit pfirsichfarbenen Bändern ab, florale Strukturen in Türkis standen neben geometrischen Kreuzornamenten in Blutrot oder Senfgelb.

Doch Geschmäcker ändern sich, und so ließ die evangelische Kirchengemeinde die farbenprächtigen Wandmalereien in den 1960er-Jahren übertünchen. 30 Jahre lang mussten sich die Ranken und Ornamente hinter einem weißen Anstrich verstecken. Doch mit der Renovierung 1992/93 lüftete sich der Vorhang erneut – und die einzigartige Malerei des rheinhessischen Jugendstils strahlt heute wieder wie vor über 100 Jahren.

Schubertstraße 1
https://gak-ingelheim.ekhn.de/startseite.html
Buslinien 611, 618, Haltestelle Frei-Weinheim, Talstr./Fähre

Zwei Leben für die Kunst
Katja und Jesco von Puttkamer

64

Die Kulturgeschichte kennt viele Künstlerpaare, die sich gegenseitig inspirierten, von Frieda Kahlo und Diego Rivera über Gabriele Münter und Wassily Kandinsky bis hin zu Marina Abramovic und Ulay. Auch Ingelheim kann mit einem solch energiegeladenen Künstlerehepaar aufwarten: Katja und Jesco von Puttkamer leben und wirken seit rund 30 Jahren mitten im historischen Dorfkern von Ober-Ingelheim.

Katja von Puttkamer stellt urbane Strukturen in den Fokus ihrer Arbeiten. Besonders die Architektur der Nachkriegszeit fasziniert sie. Mit diesen „Un-Orten" präsentiert die Malerin ihre individuelle Sicht auf die Stadt als fragmentarisches Konstrukt. Neben ihrer Tätigkeit als Kunstschaffende ist Katja von Puttkamer als Kunstdozentin aktiv. Besonders am Herzen liegen ihr dabei Kinder und Jugendliche. Zusammen mit Ingelheimer Schulklassen, Kindergartengruppen und der Jungen Akademie (Weiterbildungszentrum) baut sie Mal- und Farbmischmaschinen oder entwickelt Ballettkostüme. Besonders aktiv unterstützt Katja von Puttkamer die Mitmachausstellung (s. S. 156), deren künstlerische Leitung sie 2020 übernommen hat.

Ihr Mann Jesco von Puttkamer darf sich stolz Besitzer von „Germany's smallest Autofabrik" nennen. In seiner 42 Quadratmeter kleinen Manufaktur nach frühindustriellem Vorbild stellt der Metallbildhauer von Hand bunte Miniatur-Fahrzeuge her, die an Blechspielzeug des späten 19. und frühen 20. Jahrhunderts erinnern. Mit ihrer reduzierten Form und ihrem Retro-Charme verführen die limitierten Kunstwerke ganz große Kinder zum Spielen und zaubern ein Lächeln aufs Gesicht. Jesco von Puttkamer kreiert zudem unikale Eisenskulpturen aus recyceltem Material, die zum Beispiel das Mainzer Unterhaus schmücken. Daneben entwickelte er das „Chambre Culturelle – Minimuseum für Kunst & Alltag": eine 400 Kilogramm schwere Box mit Gucklöchern, der man an den unterschiedlichsten Ingelheimer Orten begegnen kann.

Der Wappenspruch des Adelsgeschlechts der von Puttkamers lautet „Artificiosa non durant", also „Künstliches ist nicht von Dauer". Künstlerisches dafür aber schon.

Unterer Zwerchweg 37
www.katjavonputtkamer.com / www.handmade-by-puttkamer.de
Buslinien 613, 618, 640, 643, 75, Haltestelle Ober-Ingelheim, Marktplatz

Kreiskunst vor der Kreisverwaltung

Eberhard Linkes Bronzebrunnen „Karl der Große betritt den Erd-Kreis"

Kaum ein Ingelheimer Gebäude besitzt solch großen Wiedererkennungswert wie die Kreisverwaltung Mainz-Bingen, die ihre Architekturform bereits im Namen trägt. Mit ihrer prägnanten Kreisgestalt und ihrem offenen Atrium erinnert sie an antike Amphitheater oder Arenen wie das Kolosseum in Rom.

1996 wurde Ingelheim zur Kreisstadt des Landkreises Mainz-Bingen mit über 200.000 Einwohner*innen. Um für die einzelnen Ämter der Verwaltung einen zentralen Ort zu schaffen, wurde der auffällige, rosafarbene Rundbau mit seinen blauen Tür- und Fensterrahmen 1995 errichtet und 2007 erweitert.

Der Bronzebrunnen, den der Saulheimer Bildhauer Professor Eberhard Linke 1998 schuf, ist untrennbar mit der Architektur der Kreisverwaltung verbunden. Im Zentrum liegt ein rundes Wasserbecken aus rotem Granit; aus zwei bronzenen Kreisfragmenten sprudeln Fontänen. Außergewöhnlich ist die große Figur, deren rechter Arm sich in eine überdimensionale Scheibe verwandelt, die ebenfalls die runde Form des dahinterliegenden Verwaltungsgebäudes aufnimmt. Neben dieser formalen Verbindung von Kunstwerk und Architektur gelingt dem Bildhauer auch die subtilere Verbindung von Geschichte und Gegenwart. Das Kunstwerk trägt den Titel „Karl der Große betritt den Erd-Kreis" und so repräsentiert die Bronzefigur jenen mittelalterlichen Herrscher, der Ende des 8. Jahrhunderts die Nieder-Ingelheimer Kaiserpfalz erbauen ließ. Wann immer sich Karl der Große (748–814, s. S. 72) mit seinem Gefolge hier aufhielt, machte er von Ingelheim aus „Weltpolitik". Die Spuren antiker Bauformen auf der riesigen Bronzescheibe verweisen darauf, dass Kaiser Karl sich wohl als legitimer Nachfolger der römischen Herrscher verstand und sein riesiges Karolingerreich als Fortsetzung des „Imperium Romanum" betrachtete. Auch wenn in der Kreisverwaltung heute keine Weltpolitik gemacht wird, so erinnert das Kunstwerk doch an die große Bedeutung der Region vor 1.200 Jahren. Die elf Fontänen symbolisieren die kreisangehörigen Städte Bingen und Ingelheim, die verbandsfreie Gemeinde Budenheim sowie die Verbandsgemeinden, die gemeinsam den heutigen Landkreis Mainz-Bingen mit Leben füllen.

Georg-Rückert-Straße 11
www.stiftung-linke.de
Alle Buslinien, Haltestelle Bahnhof Ingelheim

66

Ein neues Zuhause für die Ingelheimer Kunst

Der Kunstverein

2013, als sich die Ingelheimer Innenstadt ein neues Antlitz verpasste, bezog die Kunst ihr befristetes Quartier in den leerstehenden Räumlichkeiten eines ehemaligen Drogeriemarktes (Bahnhofstr. 38) – gemäß dem Motto „Kunst findet Stadt". Bis das Gebäude zwölf Monate später dem schicken Tassilo-Viertel weichen musste, gaben lokale Künstler*innen in der „Kleinen Ingelheimer Kunsthalle" einen öffentlichen Einblick in ihr kreatives Spektrum.

Dieser neue Gesprächsfaden zwischen Kunstschaffenden und Kunstliebhaber*innen vor Ort sollte auch nach Wegfall der provisorischen Ausstellungshalle nicht reißen. Daher bildete sich aus der bisherigen Privatinitiative im März 2014 der „Kunstverein Ingelheim", der sich als künstlerisches Netzwerk für Ingelheim und Umgebung definierte und sich die Förderung zeitgenössischer Bildender Kunst zur Aufgabe machte. Doch obwohl die Kunst nun organisatorisch in der Stadt verankert war, musste sie sich auf die Suche nach einem neuen Ausstellungsort begeben. Diesen fand sie, nach einer Übergangszeit im Weingut Saalwächter, im Spätsommer 2015 im ehemaligen Sporthaus (Bahnhofstr. 48). Mit einem auffälligen Logo in Gelbgrün macht der Kunstverein hier auf sich aufmerksam. Abwechslungsreiche Ausstellungen locken neugierige Gäste die elegant geschwungene Treppe hinunter zu grellen Plastiken oder zarten Pastellen, kleinformatigen Fotografien oder raumgreifenden Ölbildern, durchscheinenden Glasskulpturen oder fordernden Videoinstallationen. Jährliches Highlight ist die Mitgliederausstellung, in der sich die kunstschaffenden Vereinsmitglieder mit je einer Arbeit präsentieren können. Vier Wochen lang erhalten die Besucher*innen einen aktuellen Überblick über die technische und thematische Bandbreite der Ingelheimer Kunstszene. Künstlergespräche, filmische Ausstellungsdokumentationen oder Versteigerungen erweitern das ideenreiche Repertoire des jungen Kunstvereins. Die Ingelheimer Kunst hat also ein – hoffentlich dauerhaftes – Ingelheimer Zuhause gefunden.

TIPP: *Weitere Kunstausstellungen finden unter anderem in der „Rathausgalerie" (Fridtjof-Nansen-Platz 1) und im „Kunstforum" (François-Lachenal-Platz 1) statt.*

Bahnhofstraße 48
www.kunstverein-ingelheim.de
Buslinien 612, 613, 618, 75, 640, 643, Haltestelle Nieder-Ingelheim, Gartenfeldstr./kING

67

Kunst im Schatten der Burg Windeck
Der HeidPark

Wie perfekt Kunst, Natur und Geschichte harmonieren, beweist die Skulpturenausstellung „HeidPark". Für mehrere Sommerwochen zieht zeitgenössische Kultur in den großen Garten der Heidesheimer Burg Windeck ein und belebt ihn mit Installationen, Konzerten und Kleinkunst. Sowohl bereits etablierte Künstler*innen, als auch künstlerische Newcomer*innen aus ganz Rheinhessen präsentieren unter freiem Himmel ihre Skulpturen. Auf faszinierende Weise verbinden sich die vielfältigen Kunstwerke miteinander und mit der sie umgebenden Pflanzenwelt, aber auch mit der am Rande thronenden Burg Windeck. Besonders viel Freude macht das Kunstentdecken im Sonnenuntergang von der Hängematte aus, wenn der koordinierende Verein „kultur+politik" zu den wöchentlichen Chillout-Abenden lädt.

Doch das ungewöhnliche Konzept des „HeidParks" geht über solch öffentliche Angebote weit hinaus. Anders als in einem Museum, können die Besucher*innen inmitten all der Kunst picknicken oder sogar Yoga praktizieren. Alle örtlichen Vereine und Privatpersonen sind dazu eingeladen, die inspirierende „HeidPark"-Atmosphäre für Theater- oder Chorproben, für Jamsessions oder kreative Spiele zu nutzen.

Nach Jahren der Vergessenheit wird der Burggarten in Heidesheim so zur kreativen und interkulturellen Begegnungsstätte. Erst seit 2016 ist er öffentlich zugänglich. Die namensgebende Burg Windeck hingegen ist (noch) für Besichtigungen verschlossen. Die Wurzeln des Heidesheimer Wahrzeichens liegen wohl im 12. Jahrhundert. Ritter Herdegen I. von Winternheim und seine Nachfahren erweiterten den Burgbezirk. Die Fluchtburg, deren zentraler Turm von zwei Wehrmauerringen und einem vorgelagerten Wassergraben umschlossen war, sollte Schutz vor kriegerischen Angriffen bieten. Im späten 16. Jahrhundert wurde zwischen Wehrmauer und Turm ein zweigeschossiges Wohngebäude errichtet, das noch heute existiert. Seit 1993 ist das Denkmal in städtischem (bis 2019 Heidesheimer, seitdem Ingelheimer) Besitz und wird nach Ende der laufenden Sanierungen für Tagungen und Veranstaltungen zur Verfügung stehen. So dürfen bald auch in die Burg Windeck kulturelle Vielfalt und kreatives Leben einziehen.

Bahnhofstraße 17 (Heidesheim)
http://heidpark-heidesheim.de
Buslinien 614, 619, Haltestelle Bahnhof Heidesheim

Sehen, Hören, Selbermachen
Geschichtspädagogik im Museum bei der Kaiserpfalz

Individuelle Geschichtsvermittlung für große und kleine Besucher*innen wird im Ingelheimer Museum bei der Kaiserpfalz groß geschrieben. Das Museum präsentiert auf 160 Quadratmetern weltweit einzigartige Exponate aus Alt- und Jungsteinzeit, Römerzeit, Mittelalter und Früher Neuzeit (s. S. 70 und 72). Die Dauerausstellung wird durch anspruchsvolle Sonderausstellungen im benachbarten Kunstforum (Altes Rathaus) ergänzt. Zudem ist das Museum ein Ort des akademischen Dialogs: Regelmäßig präsentieren Wissenschaftler*innen in Kurzvorträgen ihre neuesten Erkenntnisse. Auch kann man sich ein kleines Stück Museum mit nach Hause nehmen, denn die ansprechenden Museumspublikationen eignen sich bestens zum Schmökern auf dem heimischen Sofa.

Ein besonderer Fokus liegt auf dem geschichtspädagogischen Programm für alle Altersstufen und Interessen. Gemäß dem Motto „Sehen, Hören, Selbermachen" erforschen schon Kindergarten- und Vorschulgruppen spielerisch einzelne Ausstellungsstücke, hilfsbereit angeleitet von fachkundigen Museumspädagoginnen. In der modernen Museumswerkstatt können sich auch ältere Kinder am Fingerschlaufenflechten, dem Schreiben von karolingischen Minuskeln oder dem Herstellen einer frühmittelalterlichen Glasperlenkette versuchen. Wer solch historische Handwerks- und Schreibtechniken selbst ausprobiert hat, dem erscheint der Alltag früherer Ingelheimer*innen plötzlich gar nicht mehr so fremd.

Daher beschränkt sich das museumspädagogische Programm nicht auf Kinder und Jugendliche, sondern umfasst auch spezielle Angebote für Erwachsene, die der Familienfeier oder dem Betriebsausflug das „besondere Etwas" hinzufügen wollen. Ob Kooperationen mit Ingelheimer und Mainzer Schulen oder Museen in Mainz, ob experimentalarchäologische Bauprojekte oder die erfolgreiche Reihe „Kinder führen Kinder" – viele der innovativen Projekte aus Ingelheim dienen mittlerweile als Vorbild für Museen in ganz Deutschland.

TIPP: *Das Museumsfest Ende April lädt Familien auf eine interaktive Entdeckungsreise in die Römerzeit ein.*

François-Lachenal-Platz 5
www.museum-ingelheim.de
Buslinien 611, 619, 620, Haltestelle Nieder-Ingelheim, F.-Lachenal-Platz

Eine Schatzkammer voller Geschichten

Das Kunst- und Antiquitätengeschäft „Unico"

69

„Vielleicht eine duftende Tasse Chai-Tee, mitgebracht von meiner letzten Indienreise? Oder ein Gläschen selbstgemachten Ingwer-Wein? Es ist doch schon fast Mittag!" Wer das Kunst- und Antiquitätengeschäft von Monika Buckley im romantischen Kern von Ober-Ingelheim betritt, wähnt sich in einem duftenden Basar entlang der legendären Seidenstraße. Und wie auf einem orientalischen Basar, genießt die Inhaberin den gemütlichen Plausch mit ihren Kund*innen ausgiebig.

Bevor Monika Buckley 1995 in der Stiegelgasse sesshaft wurde, arbeitete sie 15 Jahre lang als Dolmetscherin und Übersetzerin in der Touristikbranche. In dieser Zeit bereiste sie unzählige Länder Südamerikas und Afrikas. Ihr Herz verlor sie jedoch an den asiatischen Kontinent. Mit dem Rucksack war sie bereits mehrmals im Oman und in Syrien, in Indien und Sri Lanka, in Kambodscha und Burma zu Gast – und brachte von überall die spannendsten Schätze mit nach Ingelheim. So finden sich auf den antiken englischen Möbeln zum Beispiel ein Betelnussschneider aus Indien und eine jemenitische Hochzeitskette. Liebhaber*innen charmanter Kuriositäten haben auch an Gamaschenknöpfern oder schottischen Rasenbowlingkugeln von 1920 ihre große Freude. Von den faszinierendsten Mitbringseln kann sich Monika Buckley nur schwer trennen und schmückt damit zunächst ihre Privaträume. So hat erst seit kurzem ein ganz besonderes Stück den Weg in den Verkaufsraum gefunden: ein über 100 Jahre alter Körperstempel, mit dem sich südindische Bergstämme zu religiösen Zeremonien den Körper verzierten und auf dem sich noch heute getrocknete Sandelholzpaste befindet. – Monika Buckleys große Liebe aber gehört den Kelims, für die sie sich zur anerkannten Expertin entwickelt hat. Durch ihre Erläuterungen werden diese flachgewebten Teppiche der anatolischen, persischen und kaukasischen Nomad*innen zum orientalischen Märchenbuch. Seit einigen Jahren konzentriert sich ihre Sammelleidenschaft zudem auf aufwendig gewebte und bestickte Satteltaschen. Vielleicht schaffen es einige dieser Stücke ja künftig auch in ihren Laden … ?

Stiegelgasse 4
www.antiquitäten-buckley.de
Buslinien 613, 618, 640, 643, 75, Haltestelle Ober-Ingelheim, Marktplatz

Gebündelte Ingelheimer Lebensfreude
Das Kunstwerk von Carin Grudda

Wo sich Friedrich-Ebert-Straße und Bahnhofstraße kreuzen, ist einer der charmantesten Ingelheimer Treffpunkte entstanden. Ob man sich im „PETER & Silie" mit Freund*innen zum Essen trifft, den Sommerurlaub im „Reisebüro Graf" bucht und sich bei „Leder Hagemann" die passenden Koffer kauft, Karamelleis im „Eiscafé Napolitano" schleckt oder in der „Buchhandlung Wagner" (s. S. 38) stöbert, sich bei „Hair & More" verschönern lässt oder bei „Frau Antje" stilvolle Mode anprobiert – auf dem Friedrich-Ebert-Platz herrscht immer gute Laune!

Im Zentrum des Platzes wurde 2009 ein Brunnen installiert, der diese Lebensfreude ästhetisch bündelt. Die Künstlerin Carin Grudda (geb. 1953) gestaltete eine magische Zauberwelt aus Bronze, in der viele Ingelheimer Anspielungen entdeckt werden können. Im Brunnen „fährt" ein übergroßes Faltschiffchen auf Rädern, während eine Königin mit Herz und Weinglas in den Händen auf seinem Rand zu tanzen scheint. Gleichzeitig verweisen gekrönte Fische im Wasser und drei huhnartige Wesen am Ufer augenzwinkernd auf Ingelheims Lage am Rhein.

Gruddas Skulpturen haben sich jedoch auch aus dem Brunnen herausgewagt, sodass man neben dem lebensgroßen Narren ausruhen oder ihm tief in seine drei Augen blicken kann. Zum Klettern sind besonders die zwei Bronzehunde begehrt. Und schließlich hält das Kunstwerk noch eine nächtliche Überraschung parat: Während der bezaubernde König (Kaiser Karl?) hoch oben auf dem Häuserdach tagsüber kaum bemerkt wird, tritt er nachts ins Licht, durchquert mit seinem grünen Laserstrahl den gesamten Platz, um schließlich das Herz der (Rotwein-?)Königin zu treffen – und so Ingelheims Geschichte und Gegenwart zu verbinden.

Carin Grudda lebte zwischen 1993 und 2001 in Ingelheim und blieb der Stadt trotz ihrer neuen Heimat in Ligurien verbunden. Die Galerie „KUNST & WERK" (s. S. 150) organisiert regelmäßige Einzelausstellungen. Auf dem François-Lachenal-Platz lädt Gruddas übergroßer Bronze-Zerberus zum Besteigen ein, zudem schuf sie die Auszeichnung „Kleiner König" für außergewöhnlich engagierte Ingelheimer*innen. Carin Grudda entwickelt Kunst für alle: zum Schmunzeln, Berühren und Bespielen.

70

148

Friedrich-Ebert-Straße, Ecke Bahnhofstraße
www.carin-grudda.de/ingelheim-am-rhein
Buslinien 612, 613, 618, 75, 640, 643, Haltestelle Nieder-Ingelheim, Gartenfeldstr./kING

Liebhaber alter Bücher und neuer Bilder

„Kunst & Werk Detlef Gold"

Seit Detlef Gold 1995 in der Ingelheimer Innenstadt „Kunst & Werk" eröffnete, wird in den dortigen Räumlichkeiten die Leidenschaft für Kunst und Handwerk zelebriert. Im Erdgeschoss befindet sich die einladende Galerie, in der pro Jahr mehrere Ausstellungen gezeigt werden. Im Fokus stehen regionale und überregionale Künstler*innen; die Schwerpunkte sind klassische Malerei, Popart und Druckgrafik in den unterschiedlichsten Techniken. Detlef Gold vertritt international renommierte Kunstschaffende wie James Rizzi, Carin Grudda (s. S. 148) oder Devin Miles. Doch auch Arbeiten deutscher Prominenter hat er in seinem Galerieportfolio. Wer sich also gerne einen „echten" Udo Lindenberg, Otto Waalkes, Armin Mueller-Stahl, Helge Schneider oder Janosch ins Wohnzimmer hängen möchte, wird bei „Kunst & Werk" sicher fündig.

Im Keller der Galerie liegt die Gold'sche Werkstatt. Kund*innen, die in eine künstlerische Arbeit investiert haben, können diese vor Ort mit einer individuellen Rahmung schützen und effektvoll in Szene setzen. Detlef Gold und Christina Merl sind zertifizierte Bildeinrahmer*innen, sodass jedes noch so kostbare Kunstwerk bei ihnen in kompetenten Händen ist.

Auch das traditionelle – und heute selten gewordene – Handwerk der Buchbinderei beherrscht Detlef Gold als Buchbindermeister perfekt. Bei „Kunst & Werk" werden alte Bücher wertgeschätzt und mit Liebe zum Detail fachgerecht repariert. Per Hand erhalten Autobiografien, Examensarbeiten oder Kleinstauflagen einen individuellen Bucheinband. Auch persönliche Mappen und Kassetten, Alben und Ordner aus hochwertigen Materialien werden in der Ingelheimer Werkstatt angefertigt.

Für die krönende Veredelung ist eine Vergoldermeisterin und Restauratorin verantwortlich. Hier ist der Name tatsächlich Programm: Ellen Gold vergoldet und versilbert wertvolle Objekte. Daneben stellt sie beschädigte Prunkfassungen auf historischen Rahmen, Figuren und Möbeln, aber auch auf Altären oder Deckenverzierungen wieder her. In der Ingelheimer Galerie und Werkstatt „Kunst & Werk" wird die Liebe zur traditionellen Handarbeit und zur künstlerischen Qualität noch immer mit Herzblut gelebt.

Binger Straße 73
www.kunstundwerk.de
Buslinien 612, 613, 618, 75, 640, 643, Haltestelle Nieder-Ingelheim, Gartenfeldstr./kING

72

Zwei Karls am Rhein
Die Holzskulpturen von Klaus Prior

Wer aus dem Rheingau mit der Fähre (s. S. 28) nach Ingelheim übersetzt und von der Hafenmole rollt oder spaziert, dessen erste Blicke fallen auf eine Grünanlage nahe des Rheinufers. Was in der Realität unmöglich wäre, kann in der Kunst gelingen: Auf dem Frei-Weinheimer Rasenstück stehen sich zwei hölzerne Könige Karl gegenüber!

Der erste, graue Karl ist Teil einer Skulpturengruppe des Schweizer Holzkünstlers Klaus Prior. Den eigenwilligen Kunstwerken sieht man Priors Arbeitsspuren deutlich an. Sie zeigen den sogenannten Tassilo-Prozess – die wohl weitreichendste Entscheidung, die jemals in der Ingelheimer Kaiserpfalz getroffen wurde. Karl der Große (748–814, s. S. 72) führte 788 in Ingelheim einen politischen Schauprozess gegen seinen Cousin Tassilo III. von Bayern (um 741–um 796). Tassilo wurde wegen angeblicher Untreue verurteilt, in die Klosterverbannung geschickt und verlor sein strategisch bedeutendes Herzogtum Bayern an Karl.

Der zweite, blaue Karl scheint – quasi wie ein Zeitreisender – den Prozess von außen zu beobachten. Diese Skulptur von Karl dem Großen schuf Klaus Prior im April 2013. Auf dem Ingelheimer Freibadparkplatz (s. S. 180) konnten alle Interessierten dem Holzkünstler bei der impulsiven und gleichzeitig konzentrierten Herstellung über die Schulter blicken.

Gegenüber der Kunstszenerie finden sich Fundamentreste des um 1700 zerstörten Frei-Weinheimer Hafenkrans, der am hier verlaufenden Rheinufer vor allem Weinfässer und Holz verladen hatte. Beschattet wird das Kranfundament von der gewaltigen „Napoleoneiche". Das Naturdenkmal wurde 1913 zum 100. Jahrestag der Leipziger Völkerschlacht gepflanzt, in der sich napoleonische Soldaten und europäische Verbündete gegenübergestanden hatten. Auch viele rheinhessische Soldaten hatten – auf französischer Seite – an diesem Kampf teilgenommen.

Hinter der Grünanlage beginnt die reizvolle Rheinauenlandschaft mit Wasserspielplatz und Naturerlebnispfad. Auch der „Ingelheimer Sommergarten" an der Hafenmole, der in den warmen Monaten gemütliche Biergartenatmosphäre mit einem traumhaften Rheinpanorama verbindet, ist nur wenige Schritte von den zwei Karls entfernt.

Gegenüber Rheinstraße 257 (Ruderhaus)
www.klausprior.net
Buslinien 611, 618, Haltestelle Frei-Weinheim, Talstr./Fähre

73

Die drei Faulenzer
Benedikt Solgas Wasserkunstwerk in Ober-Ingelheim

Ganz entspannt lümmeln die drei bronzenen Herren auf ihren wassersprudelnden Podesten. Die Hemdsärmel sind hochgekrempelt, nackte Füße baumeln gemütlich in der Luft. Die Arbeit scheint getan, jetzt belohnt sie das süße Nichtstun.

Tatsächlich passen die drei „Faulenzer" perfekt auf diesen Platz neben dem Ober-Ingelheimer Rat- und Gerichtshaus von 1828. Hier befand sich das historische Ortszentrum. Vom Marktplatz aus zweig(t)en sternförmig die fünf wichtigsten Straßen Ober-Ingelheims ab und endeten jeweils in einer imponierenden Toranlage (u.a. Ohrenbrücker Tor, Stiegelgässer Tor, Uffhubtor, s. S. 14). Und genau wie die drei Bronze-„Faulenzer", thronen Dorfälteste am Rand der Marktplätze dieser Welt und lassen sich durch nichts aus der Ruhe bringen. 1529 wurde vor dem Gebäude der heutigen Fleischerei Martin ein Brunnen-Vorvorgänger errichtet. Auf dessen Säule saß eine Löwenfigur, die in ihren Pranken das kurpfälzische und das Ober-Ingelheimer Wappen hielt. Der „Löwchen-Brunnen" musste 1901 einem neuen Brunnen weichen, der zugleich an die Ober-Ingelheimer Gefallenen des deutsch-französischen Krieges von 1870/71 erinnerte. Dieses wassergespeiste Denkmal wiederum wurde 1970, aufgrund des zunehmenden Verkehrs, ins nahe gelegene Rosengärtchen an der Burgkirche versetzt (s. S. 164).

Im Zuge der Neugestaltung 2008/09 wurde der Ober-Ingelheimer Marktplatz nach fast 40 Jahren „Brunnenlosigkeit" wieder mit einem Wasserkunstwerk aufgewertet. Der Bildhauer Benedikt Solga gestaltete die drei Bronzeskulpturen als Personifikationen des Weins, des Spargels und der Kirschen. In diese Ingelheim-typische Arbeit flossen eigene Kindheitserinnerungen ein, denn Solga wuchs in Wiesbaden und Ober-Hilbersheim auf und besuchte die Ingelheimer Kaiserpfalz-Realschule. Das Wasser des Brunnens entstammt übrigens der „Casinoquelle" auf dem Gelände des Vereins Haus Burggarten (s. S. 116). Die Kunstfiguren von Benedikt Solga sollen den Betrachtenden ihr eigenes Spiegelbild aufzeigen. So können die drei „Faulenzer" alle rollenden oder spazierenden Passant*innen dazu anregen, selbst öfter mal innezuhalten – und dem süßen Nichtstun zu frönen.

Marktplatz Ober-Ingelheim
www.bildhauer-solga.de
Buslinien 613, 618, 640, 643, 75, Haltestelle Ober-Ingelheim, Marktplatz

74

„Ich will auch mal probieren!"
Die Mitmachausstellung MiMa

Jährlich ab Spätsommer heißt es für alle rheinhessischen Kindergarten- und Schulkinder: Ab in die MiMa! Schon die Kleinsten wissen, dass sich hinter der griffigen Abkürzung die Ingelheimer Mitmachausstellung verbirgt, in der wieder ausprobiert, gegrübelt, gestaunt und gelernt werden kann.

Alle Kinder, so sind sich Wissenschaftler*innen, Pädagog*innen und Eltern einig, besitzen eine angeborene Lust am Entdecken und am gemeinsamen Gestalten. Diese kindliche Wissbegierde füttert die MiMa mit großem Engagement seit 2004. Zunächst unter dem Dach der Stadtverwaltung Ingelheim, wird die MiMa seit 2015 von dem gemeinnützigen „Verein Mitmachausstellung" organisiert und von Kooperationspartner*innen aus der ganzen Region unterstützt. Für mehrere Wochen gestaltet das MiMa-Team rund um Initiatorin Heike Sobotta historische Ingelheimer Gebäude wie das Weingut Niedecken oder die Alte Markthalle zu einem Experimente-Parcours um.

Die kleinen und großen Forscher*innen finden in der MiMa abwechslungsreiche (und robuste) Mitmach-Experimente, die sich dem jährlich wechselnden Schwerpunktthema widmen, wie zum Beispiel Geräuschen, Seifenblasen, Kugeln, „Alice im Wunderland", Luft oder Lügen und Wahrheiten. Oft stehen Phänomene des alltäglichen Lebens im Vordergrund, die an den interaktiven Stationen entschlüsselt werden können. Aber auch große, raumgreifende Installationen begeistern die tüftelnden Gäste. Herzliche Tutor*innen begleiten die Nachwuchswissenschaftler*innen auf ihrer individuellen Entdeckungsreise und unterstützen sie altersgerecht in ihrer Kreativität und Neugierde.

Fröhliche Feste, Familienkonzerte, Ferienprogramme, Kindergeburtstage oder „Hands On"-Aktionen mit der Ingelheimer Künstlerin und Kunstpädagogin Katja von Puttkamer (s. S. 136) - all dies gehört zum ausstellungsbegleitenden Programm der MiMa. Seit einigen Jahren werden auch themenzentrierte Workshops und Führungen für Erwachsene - nach Feierabend oder am Wochenende - angeboten. Das Konzept „Anfassen erwünscht" der Ingelheimer Mitmachausstellung kommt nämlich auch bei den großen Besucher*innen hervorragend an.

75

Ein Herz für Radfahrer
Mountainbiking in Wackernheim

Als „Wand von Wackernheim" gefürchtet, legen Biker auf der zwei Kilometer langen Straße zwischen Heidesheim und Wackernheim ganze 117 Höhenmeter zurück. So verwundert es nicht, dass mehrere mittelschwere und schwere Mountainbike-Touren im vielleicht steilsten Dorf Rheinhessens starten. Eine beliebte Route führt von Wackernheim in den knapp fünf Kilometer entfernten Ober-Olmer Wald, in dem sich Speed-Trails und ein Mikro-Bikepark für Einsteiger*innen befinden. Auf anderen Touren brettern die Biker den Mainzer Berg hinunter bis zum Rhein oder in den nahen Lennebergwald hinein, wo auf schmalen Wurzelpfaden waghalsige Sprünge möglich sind – eine gute Kondition sowie fortgeschrittene Fahrtechniken vorausgesetzt.

Doch auch alle gemütlichen Radler*innen kommen in der Fahrradstadt Ingelheim auf ihre Kosten. Seit 2012 beteiligt sich Ingelheim an der bundesweiten „Aktion STADTRADELN". Auf dem gut ausgebauten Radwegenetz treten viele auf dem Weg zur Schule, zum Wochenmarkt oder zum Weinhöfefest in die klima- und gesundheitsfreundlichen Pedale. Über das „meinRad"-System der Mainzer Verkehrsgesellschaft können an mehreren Standorten (u.a. Bahnhof) Mieträder ausgeliehen und nach einer gemütlichen Tour in Mainz, Wiesbaden oder natürlich Ingelheim zurück gegeben werden. Während der Fahrradsaison verleiht die „IKuM – Ingelheimer Kultur- & Marketing GmbH" zudem E-Bikes, die an den Stromtankstellen (u.a. Nähe Fähranleger Frei-Weinheim oder Rheinpromenade Heidenfahrt) gratis aufgeladen werden können. Und auch ein platter Reifen ist kein Problem, denn im Stadtgebiet stehen kostenlose Reparaturstationen zur Verfügung. Ein in Rheinland-Pfalz einzigartiges Angebot ist das Fahrradparkhaus am Bahnhof, das auch über einen abgeschlossenen, videoüberwachten Bereich verfügt.

Für dieses vorbildhafte Engagement wurde Ingelheim bereits mehrfach zur „Fahrradfreundlichsten Kommune Rheinland-Pfalz" gekürt. 2018 landete das städtische Fahrradklima sogar im bundesweiten Vergleich des Allgemeinen Deutschen Fahrrad-Clubs auf dem sensationellen 2. Platz. Und wenn es wider Erwarten doch irgendwo hakt, ist der Ingelheimer Fahrradbeauftragte sofort zur Stelle.

Startpunkt: Rathausplatz Wackernheim
Buslinien 619 und 620, Haltestelle Wackernheim, Rathausplatz

76

Ernten ausdrücklich erlaubt!
Ehrenamtsinitiative „Essbare Stadt"

Es summt, blüht und duftet in der San-Pietro-Straße, seit fleißige Gärtner*innen mit grünen Daumen den ehemaligen Wiesengrund zu einem kleinen Paradies umgestaltet haben. Statt adretter Blumenrabatten gedeihen auf der öffentlichen Grünfläche nun Kartoffeln und Zucchini, Tomaten und Mangold, Rote Bete und Rucola. Blumen rahmen die Nutzpflanzen ein und erwecken den Eindruck eines sorgsam umhegten Bauerngartens. Schmetterlinge und die Bewohnerinnen der benachbarten Bienenstöcke fliegen emsig von Blüte zu Blüte. Diese grüne Oase am Rande der Innenstadt ist jedoch kein privater Ort, der mit Zaun und Tor vor neugierigen Blicken oder hungrigen Spaziergänger*innen geschützt wird. Im Gegenteil: Eine große Tafel am Eingang listet die reifen Obst- und Gemüsesorten auf und lädt zur selbständigen – und kostenlosen – Ernte ein! Hinter der großzügigen Einladung steckt eine kleine Projektgruppe, die Teil der rheinland-pfälzischen Ehrenamtsinitiative „Ich bin dabei!" ist. Rund zehn Ingelheimer*innen teilen seit 2017 ihre gärtnerischen Erfahrungen miteinander. Die öffentliche Wiese in der San-Pietro-Straße gestalteten sie gemeinsam zur „Essbaren Stadt" um: in einen lebenswerten Garten für alle. Durch den Wissensaustausch über Beete hinweg lernt so mancher Gartenfan noch überraschende Tricks hinzu. Statt chemische Dünger einzusetzen, wird zum Beispiel braune Schafswolle mit eingepflanzt, die alle nötigen Nährstoffe liefert und zudem Wasser speichert.
Belohnt wird die Unterstützung beim Pflanzen und Gießen, beim Hacken und Unkrautjäten mit einer reichen Ernte. Auch die kleinen Ingelheimer*innen der Kindertagesstätte „Schatzkiste" oder die Bewohner*innen der angrenzenden Seniorenresidenz „Im Sohl" sind herzlich eingeladen. Für sie wurde extra ein hölzerner Steg verlegt. Die Aktion „Essbare Stadt" ist ein Paradebeispiel für nachhaltigen Anbau: ökologisch, regional, saisonal, noch dazu gehegt von den eigenen Nachbar*innen – mehr bio geht nicht!

TIPP: *Die Gartenhandschuhe eingepackt und mitgemacht: Das Team freut sich montags um 19.30 Uhr, mittwochs um 10.30 Uhr und samstags um 13 Uhr über Unterstützung.*

San-Pietro-Straße
www.ingelheim.de/ich-bin-dabei
Buslinien 612, 613, Haltestelle Nieder-Ingelheim, San-Pietro-Str.

77

Sandburgenbauen am Rhein
Das Frei-Weinheimer Strandbad

Viele Frei-Weinheimer*innen erinnern sich an glückliche Kinder-
tage im Strandbad. Heute wird das Rheinufer nur an sonnigen
Wochenenden oder lauen Sommerabenden von „Eingeweihten"
bevölkert, die ihren geheimen Mini-Urlaub genießen.

Ende des 19. Jahrhunderts wurde das öffentliche Baden po-
pulär, es entstanden erste Badeanstalten an Flüssen und Seen.
Um 1905 wurde auch in Frei-Weinheim ein offizielles Rheinbad
eingerichtet. Insbesondere der vermögende Fabrikbesitzer Dr.
Hermann Bopp („Bleiweiß") förderte den Betrieb und finanzierte einen ausgebildeten Bademeister. Anfang der 1930er-Jahre
ließen er und andere reiche Familien aus Ingelheim, Mainz und
Wiesbaden (zum Beispiel Boehringer) sich kleine Strandhäus-
chen bauen, in denen sie sich umkleiden konnten. Manche der
privaten Strandhütten besaßen gar Miniküchen und Schlafkojen.
Dennoch herrschte im Frei-Weinheimer Rheinbad von Anfang
an eine lockere Ausgelassenheit. Während Männer und Frauen
in den eleganten Seebädern streng voneinander getrennt ba-
deten, planschten hier alle Badegäste nebeneinander. Noch bis
in die 1940er-Jahre sprangen Jungs wie Männer in Unterhosen
ins Wasser oder trugen die klassisch gestreiften Badeanzüge bis
zum Knie. Die weiblichen Badegäste waren meist in blickdichten
Woll- oder Baumwollstoff gehüllt. Bis Mitte der 1960er-Jahre war
das Frei-Weinheimer Strandbad der sommerliche Treffpunkt am
Rhein. Doch mit der Verschlechterung der Wasserqualität und
der Eröffnung des Ingelheimer Frei- und Hallenbads 1966 (s. S.
180) fiel der Rheinstrand in einen langen Dornröschenschlaf.

Heute könnte im sauberen Wasser des Rheines wieder ohne Be-
denken gebadet werden. Doch aufgrund unvorhersehbarer Stru-
del und fehlender Aufsicht ist das Schwimmen hier höchst ge-
fährlich. Es gibt ohnehin genug Möglichkeiten zum Zeitvertreib:
den Wolken hinterherblicken, Pommes knabbern, Sandburgen
bauen oder den Panoramablick auf den „Vater Rhein" und seine Inseln genießen. Zuweilen schippern Stand-up-Paddler*innen
oder Ruderboote vorbei – und Entenfamilien sowieso.

TIPP: *Zu einem guten Zweck (und unter Aufsicht der DLRG) können
sich Wagemutige beim jährlichen Neujahrstauchen ins kalte Rhein-
wasser stürzen.*

Am Strandbad
Buslinien 611, 618, Haltestelle Frei-Weinheim, Talstr./Fähre

78

Zwischen Yin und Yang
Das Rosengärtchen am Malakoffturm

Im Schatten der Burgkirche liegt, geschützt von historischen Wehrmauern, ein kleiner Park: das Rosengärtchen. Doch anders als sein Name vermuten lässt, rahmen nicht nur duftende Rosen die Rasenflächen ein, sondern auch Hortensien, Schmuckkörbchen oder Funkien. Zwei mächtige japanische Gingkobäume (ein weibliches und ein männliches Exemplar) repräsentieren das ostasiatische Prinzip von Yin und Yang. Besonders beeindruckend leuchten die gelb gefärbten Gingkoblätter im Herbst.

Elegant geschwungene Wege führen an Bänken vorbei, auf denen man immer ein Plätzchen zum Ausruhen findet. Tatsächlich herrscht hier im ehemaligen Zwinger, wo die Ober-Ingelheimer Hausfrauen noch vor rund 50 Jahren ihre Wäsche zum Bleichen aus- und den neuesten Klatsch verbreiteten, eine überraschende Stille. Dieser „Dornröschenschlaf" wird lediglich vom Plätschern zweier Brunnen unterbrochen. Der nördliche Brunnen diente ab 1901 als belebter Mittelpunkt des Ober-Ingelheimer Marktplatzes und erinnerte an die hiesigen Gefallenen des deutsch-französischen Kriegs 1870/71. Erst in den 1960er-Jahren fand der ehemalige Marktbrunnen seinen jetzigen Standort am Rand der grünen Ruhezone.

Am gegenüberliegenden Ende des Rosengärtchens bietet ein Bronzetastmodell einen „be-greifbaren" Überblick über Ober-Ingelheim. Der Bildhauer Egbert Broerken fertigte 2011 den dreidimensionalen Stadtplan im Miniaturformat von 1:500. Auch Braille-Beschriftungen wurden integriert.

Über all dies wacht der massive Malakoffturm aus dem 15. Jahrhundert wie ein sanfter Riese. Dabei blickt der ehemalige Wachturm auf eine schaurige Vergangenheit zurück: Zum einen geht sein jetziger Name auf die blutige Erstürmung der Bastion Malakow im Krimkrieg (1853–1856) zurück. Zum anderen befindet sich in seinem Keller ein feucht-gruseliger Kerker. Während einer der begehrten Stadtmauerführungen kann man noch heute einen Blick in das „Angstloch" werfen, durch das die Gefangenen ins Ingelheimer Verlies geworfen wurden. Als Kontrast besänftigt die Besteigung des Malakoffturms anschließend mit einem wunderbaren Panorama aus 19 Metern Höhe. Yin und Yang eben …

Rosengärtchen an der Burgkirche
Führungen: www.proingelheim.de, www.ingelheimer-gaestefuehrer.de
Buslinien 613, 618, 640, 643, 75, Haltestelle Ober-Ingelheim, Marktplatz

79

Mini-Urlaub am Wasser
Das Rheinufer in Heidenfahrt

Wenn die Sonne leuchtend rot im Rhein versinkt und das Wasser golden schimmert, dann verwandelt sich die Heidenfahrter Uferpromenade allabendlich in einen Ort des Innehaltens und Krafttankens. Umgeben von einer charmanten Rheinauenlandschaft, wechseln sich östlich des Hauptzugangs ausgedehnte Picknickwiesen mit Sandstränden ab und laden zum Mini-Urlaub ein. Westlich schließt sich der Campingplatz „Inselrhein" an, der sich zwischen Damm und Fluss schmiegt. Tourist*innen übernachten hier in der Sommersaison idyllisch im Zelt, Wohnmobil oder Wohnwagen – „Vater Rhein"-Panorama inklusive. Zum Campingplatz gehört auch der beliebte Wein- und Biergarten direkt am Wasser, wo man unter schattigen Platanen Platz nimmt, seinen Blick über den kleinen Hafen schweifen lässt und den Tischnachbar*innen ein entspanntes Lächeln schenkt. Der Biergarten wartet mit einem hochwertigen und abwechslungsreichen Angebot auf. Viele der kulinarischen Produkte stammen aus regionalem Bio-Anbau, sind fair gehandelt und z.T. sogar vegan. Ein Geheimtipp sind die köstlich-authentischen Pizzen. – Wer seinen Lieblingsplatz am Rheinufer gefunden hat, der entdeckt zwei große Inseln. Beide stehen als Relikte der ausgedehnten Auelandschaft unter Naturschutz. Die linke, die Mariannenaue, wird von Schloss Reinhartshausen für Weinbau genutzt. In ihren Auenwäldern wachsen bis zu 400 Jahre alte Bäume, zudem ist auf der Insel eine seltene Biberart beheimatet. Die rechte, die Königsklinger Aue, gehört – trotz ihres Zweitnamens Eltviller Aue – zu Ingelheim. Bis 1801 war sie Eigentum des Klosters Eberbach und befindet sich seitdem im Privatbesitz vermögender Adeliger und Unternehmer*innen. Bertha Lucius von Stoedten (1876-1949) ließ zwischen 1904 und 1909 ein neobarockes Schlösschen mit Treppenzugang zum Rheinufer errichten, das heute von Eltville aus bewundert werden kann. Zudem befindet sich auf der Insel das Mausoleum ihres dort verstorbenen Ehemanns Graf Adalbert von Francken-Sierstorpff (1856-1922). Füchse, Wildschweine, Rehe und sogar Rinder bevölkern heute die Königsklinger Aue.

TIPP: *Die Uferpromenade liegt direkt am Rheinradweg von Mainz nach Bingen.*

Rheinufer Heidenfahrt, Unteraue 0
www.inselrhein.de
Buslinien 614 und 619, Haltestelle Heidenfahrt, Unteraue/Rheinufer

80

Auf Krokodilen klettern und mit Kobolden toben

Der Geisterspielplatz Großwinternheim

Wer traut sich, den schlafenden Riesen Rotbart zu wecken? Oh je, schnell weg! Doch das wilde Krokodil lauert schon im Sand. Und da, im Netz, war da nicht soeben eine Riesenspinne? Zum Glück weist das freundliche Gespenst Huibu den Weg durch hölzerne Tunnel und Bambuslabyrinthe. Los, der Lebkuchenexpress wartet schon, um in den sicheren Zauberturm zurückzufahren. Doch Vorsicht, denn die magischen Raben beobachten alles ganz genau …
Der abenteuerliche Geisterspielplatz in Großwinternheim lädt zu märchenhaften Fantasiereisen ein. 2010 im Neubaugebiet eröffnet, wird er von originell geschnitzten Märchenfiguren bevölkert, die am Klettergerüst hängen oder auf der Nestschaukel hocken. Aufgrund der cleveren Bepflanzung entsteht bei den Spielefans das Gefühl, durch einen Zauberwald zu streichen. Außerdem sorgt dieser natürliche Schatten an sonnigen Tagen für Abkühlung. Rindenmulch und Sand schützen vor blauen Flecken; Bruchsteinmauern laden Eltern und Großeltern zum Rasten ein. Die meisten Spielgeräte sind aus naturbelassenem Holz mit einem sehr zurückhaltenden Farbanstrich, was den natürlichen Eindruck des Spielplatzes unterstützt und der Fantasie freien Lauf lässt. Alle Winkel scheinen verschoben, nichts wirkt gerade oder monoton. Die Großwinternheimer Abenteuerwelt verteilt sich großzügig auf vier Ebenen. Diese Hanglage eignet sich ideal für Rutschen, Tunnel und Hängebrücken. Auf der obersten Ebene befindet sich eine ruhige Miniwelt für die kleinsten Besucher*innen, in der sie entspannt im Sand buddeln oder krabbelnd das Hexenhaus erobern können. Auf der untersten Ebene ist hingegen mehr Action angesagt, denn dort warten ein stabiles Kletternetz sowie eine Boulderwand auf die größeren Kids. Auch ein überdachter Picknickbereich findet sich hier. Beide Bereiche sind durch spannende Zwischenebenen verbunden. Ein perfekter Ort, um Verstecken zu spielen, denn in Holztunneln und hinter Bambushecken wird man garantiert nicht so schnell entdeckt. Oh nein, die magischen Raben haben alles gesehen …

TIPP: *Dieses Highlight unter den Ingelheimer Spielplätzen ist komplett umzäunt, Parkplätze sind ausreichend vorhanden.*

Am Zuckerlottchen 19
Buslinien 618, 640, 643, 75, Haltestelle Großwinternheim,
Zur Eulenmühle

81

Äpfel für den Kaiser
Der karolingische Garten am Heidesheimer Tor

Während frühmittelalterliche Gäste der Ingelheimer Kaiserpfalz mitten durch das prachtvolle Heidesheimer Tor schreiten konnten, müssen Besucher*innen heute erst den schmalen Metallsteg aufspüren, der links von Standesamt (s. S. 50) und Präsentationshaus in den ehemaligen Burggraben führt. Hier, wo vor 800 Jahren ein fast sieben Meter tiefer Wassergraben den Palast vor unerwünschten Eindringlingen schützte, speist nur noch ein sanftes Rinnsal den beliebten Wasserspielplatz. Aus Naturmaterialien gestaltet, fügt er sich harmonisch in seine historische Umgebung ein und bietet abenteuerliche Möglichkeiten zum Planschen, Klettern oder Buddeln. Gegenüber dem Heidesheimer Tor schmiegt sich der karolingische Garten an eine Mauer aus lokalem Kalkstein. In seiner Landgüterverordnung „Capitulare de villis vel curtis imperii" bestimmte Karl der Große (748–814, s. S. 72) 89 Obstbäume, Gemüsesorten und Kräuter, die in allen fränkischen Hofgütern kultiviert werden sollten – also auch in seinem Ingelheimer Palast. Auf Basis dieses historischen Erlasses wurde der „Karlsgarten" 2011 neu angelegt. Dort gedeihen Apfel-, Birnen- und Feigenbäume, aber auch Kichererbsen, Schlafmohn, Rosmarin, Thymian, Salbei und Minze. Erfahrenen Hobbygärtner*innen fällt sofort der mediterrane Einfluss auf. Tatsächlich nutzten bereits die antiken Römer viele der Pflanzen als Gemüse oder Heilmittel.

Den karolingischen Garten im Rücken, weitet sich der Panoramablick für die beeindruckenden Überreste der nordöstlichen Kaiserpfalz mit dem Heidesheimer Tor im Scheitelpunkt. Die Pfalz diente zwischen dem 8. und dem 12. Jahrhundert als repräsentativer Aufenthalts- und Versammlungsort von Kaiser*innen und König*innen. Während der Großteil des ehemaligen Palastes seit Jahrhunderten verfallen, abgebrochen oder überbaut ist, erhält man hier noch immer einen unvergleichlichen Eindruck von der vergangenen Prachtarchitektur – und eines der schönsten Fotomotive im Kaiserpfalzgebiet! Übrigens: Der Pharmakonzern Boehringer Ingelheim nutzt das Heidesheimer Tor seit 1924 als Unternehmenslogo und trägt so seit rund 100 Jahren das Bild der Kaiserpfalz in die Welt.

Zanggasse 10 (Heidesheimer Tor)
www.kaiserpfalz-ingelheim.de/denkmaltourismus_kaiserpfalz_06.php
Buslinien 611, 618, Haltestelle Nieder-Ingelheim, N.-v.-Harder-Str.

82

Bereit für ein Mikro-abenteuer?

Die „Sieben Weiher" im Lennebergwald

Seitdem Nachhaltigkeit auch in den Freizeitbereich vordringt, werden sogenannte Mikroabenteuer immer beliebter. Dieser Trend umfasst Outdoor-Unternehmungen, die kurz, lokal und günstig sind, aber dennoch aufregende Herausforderungen bieten. Direkt vor Ingelheims Haustür liegt der Lennebergwald, der Mainz-Gonsenheim, Mainz-Finthen, Budenheim und Heidesheim verbindet. Das 752 Hektar große Naturschutzgebiet ist nicht nur die größte zusammenhängende Waldfläche Rheinhessens, sondern wartet mit einer in Mitteleuropa höchst seltenen Steppenvegetation auf. Auf den kalkreichen Sanddünen wachsen insbesondere Kiefern und Wärme liebender Steppenrasen, aber auch das vom Aussterben bedrohte Adonisröschen. Wildschweine und Rehe, Füchse und Dachse fühlen sich im Lennebergwald heimisch.

Ein Mikroabenteuer der schnellen Art verspricht das Mountainbiking über die sandigen Waldtrails. Gemütlicher geht es bei einem Ausritt auf dem Pferderücken zu – die Reitsportanlage Uhlerborn liegt nur wenige hundert Meter entfernt. Wem das noch immer zu aufregend ist, der kann im Lennebergwald einem asiatischen Trend nachgehen: dem Waldbaden. In Japan und Korea ist „Shinrinyoku" mittlerweile eine anerkannte Methode zur Stressreduzierung. Während der „Wald-Therapie" konzentrieren sich die Spaziergänger*innen bewusst auf den würzigen Duft, das mildschimmernde Licht, den glucksenden Bach und den weich federnden Waldboden. Auch Steine sammeln oder Yogaübungen auf einem Baumstumpf werden empfohlen. Japanische Studien deuten darauf hin, dass dieser erholsame Kontakt zur Natur das Immunsystem stärkt und sogar die Zahl der Killerzellen steigen lässt.

Beliebte Zwischenetappe aller Waldbesucher*innen sind die verwunschenen „Sieben Weiher". Um 1910 zur Fischzucht von Freiherr Martin Wilhelm von Waldthausen (1875–1928) angelegt, existieren heute nur noch fünf dieser künstlichen Teiche. Sie werden von einer Quelle mit frischem Wasser versorgt und sind terrassenartig miteinander verbunden. Die außergewöhnlichen Gewässer bieten – nach Jahrzehnten der Verschlammung – wieder ein idyllisches Zuhause für Amphibien und Wasserpflanzen.

Rheingoldruhe 1 (Heidesheim)
www.lennebergverein.de
Buslinien 619, 620, Haltestellen Uhlerborn, Walterslebener Str. oder Uhlerborn, Lennebergstr.

83

Ein Ort zum Verlieben und Verloben

Das „Seufzerpfädchen"

Wer sich auf die Suche nach dem romantischsten Ort Ingelheims begibt, der wird vielleicht am idyllischen „Seufzerpfädchen" fündig: 400 Meter führt der zauberhafte Weg vom Schillerplatz zum Festplatz an der Burgkirche. Ruhesuchende Spaziergänger*innen wandeln entlang der spätmittelalterlichen Wehrmauer, an die sich rotblühende Rosenbüsche schmiegen. Gepflegte Sitzbänke laden dazu ein, den friedlichen Ort mit allen Sinnen zu genießen, während ein kleiner Bach unter winzigen Brücklein hindurch und an einer beeindruckenden Hängeweide vorbei plätschert. Am Ende des Fußwegs grüßt rechts die imposante Burgkirche, während linkerhand die Weinberge zu einer Fortsetzung des Spaziergangs verführen.

Vor allem bei Nacht ist das schummrige, effektvoll beleuchtete „Seufzerpfädchen" höchst romantisch. Bisweilen verschwimmt dann die Zeit und man blickt direkt in Ingelheims Vergangenheit, als sich hier manch Ober-Ingelheimer Handwerksknecht seinen ersten Kuss erhoffte oder manch Nieder-Ingelheimer Mädchen herzklopfend nachhause begleitet wurde. Es verwundert daher nicht, dass der Weg seinen verheißungsvollen Namen trägt und von alteingesessenen Ober-Ingelheimer*innen sogar „Verlobungspfädchen" genannt wird.

Der verträumte Pfad führt an einem der besterhaltenen Abschnitte der spätmittelalterlichen Ober-Ingelheimer Ortsbefestigung entlang. Durch sieben Tore (s. S. 14 Uffhubtor) gelangte man ins Dorf hinein oder aus Ober-Ingelheim hinaus. Die Wehrmauer aus rheinhessischem Kalkbruchstein wurde zudem von 16 Türmen unterbrochen (s. S. 164 Malakoffturm), von denen am „Seufzerpfädchen" noch immer die niedrigen, halbrunden Schalentürme zu bewundern sind. Dort kann auch der wassergefüllte Graben erahnt werden, der der Ringmauer zum Schutz vorgelagert war.

Wenn alljährlich im Juni/Juli das 1972 gegründete Eurofolkfestival (s. S. 124) bis zu 3.000 Musikbegeisterte auf das Gelände rund um die Burgkirche zieht, dann ist das „Seufzerpfädchen" mit seinem kühlenden Bächlein der absolute Geheimtipp. Die hier aufgeschlagene Zeltstadt ist für viele erfahrene „Folkies" der ideale Platz, um drei Tage lang zu singen, zu tanzen – und zu seufzen.

Seufzerpfädchen (Startpunkt links von Rinderbachstraße 42)
Buslinien 612, 613, 618, Haltestelle Ober-Ingelheim, Breitbachstr.

84

Petri Heil!
Angeln am Laufensee

„Der Laufensee soll in Ingelheim liegen? Nie gehört …" Tatsächlich verbirgt sich hinter dem fremden Namen der unbekannte Bruder des Ikasees. Wenig bekannt ist auch die Entstehungsgeschichte der beiden Gewässer. Das Gelände gehörte im 19. Jahrhundert den größten Grundbesitzern Nieder-Ingelheims, Caroline (geb. von Bernus, 1843–1918, s. S. 82) und Wilhelm von Erlanger (1834–1909). Als 1918 der Familienzweig erlosch, übernahmen die Schwestern Mathilde (1894–1962) und Friederike (1896–1954), Prinzessinnen zu Solms-Braunfels, das Nieder-Ingelheimer Erbe gemeinsam mit ihren Eltern – und brachten so adeligen Glanz ins Dorf. In den 1930er-Jahren veräußerten sie jedoch große Teile des Besitzes, darunter die prunkvolle Villa Carolina und die Rheinklause. Ein Geländestück kam so in die Hände des Baggerunternehmens Gremminger, das dort Kies und Sand abbaute. Als die tiefen Gruben sich nach und nach mit Wasser füllten, entstanden der Laufensee und der benachbarte Ikasee, benannt nach Prinzessin Friederikes Kosenamen „Ika".

Mittlerweile fühlen sich an den Seeufern zahlreiche heimische Tier- und Pflanzenarten zuhause. Enten, Schwäne oder Eisvögel genießen die ruhige Atmosphäre genauso sehr wie Frösche oder gar Schildkröten. Um den dortigen Naturschutz kümmert sich der Ingelheimer Angelsportverein Rheinlust, denn er hat die Seen seit 1959 von der Stadt Ingelheim gepachtet. Nachdem die idyllische Rheinklause jahrzehntelang Treffpunkt der Angler war, errichtete der ASV 2018 sein neues Vereinsheim am Ufer des Laufensees.

Gerade die Mehrung des Fischbestandes liegt, so widersprüchlich dies klingen mag, in der Verantwortung der Sportfischer. Ihr Erfolg ist es, dass heute in den beiden Seen alle deutschen Süßwasserfische gefunden werden können. Auch sorgt sich der ASV als Bachpate um die Renaturierung der Selz. Nicht zuletzt weckt er durch spezielle Jugendprojekte bei vielen jungen Ingelheimer*innen ein Bewusstsein für den nachhaltigen Umgang mit der Natur.

TIPP: *Am Ikasee befindet sich ein naturbelassenes Freizeitgelände mit Minigolf-, Spiel- und Grillplatz.*

Am Ikasee 121 (den Schildern am Wertstoffhof folgen)
www.asv-rheinlust.net
Buslinien 613, 619, Haltestelle Blumengarten

85

Hilfe, Piraten!
Der Wasserspielplatz „Am Ochsenborn"

Speziell für die kleinen Ingelheimer*innen sind rund 40 Orte im Stadtgebiet reserviert, an denen sie sich austoben können. Diese reichen von einzelnen Spielpunkten mitten im Trubel der Stadt bis hin zu ausgedehnten Abenteuerspielplätzen im Grünen. Zu den Highlights der Letztgenannten gehört der Piratenspielplatz im Ober-Ingelheimer Neubaugebiet „Am Ochsenborn", der 2015 fertiggestellt wurde. Langgezogen begleitet er die Selz in ihrem Verlauf ein kleines Stück und schmiegt sich an das Ufer des rheinhessischen Flüsschens an. Die naturnahen Materialien der Spielgeräte fügen sich harmonisch zwischen Picknickwiesen und Uferbereich ein. Besonders im Sommer summt und zirpt es rund um den Spielplatz. Wer Glück hat, kann im Dickicht bisweilen sogar einen Frosch entdecken, der einen neugierigen Ausflug macht, bevor er in sein nasses Zuhause zurückkehrt.

Zwar kann in der Selz nicht geplanscht werden. Dafür lockt auf dem Abenteuerspielplatz ein großzügiger Wasserspielbereich, in dem nach Herzenslust gepumpt, gematscht oder mit dem Bachlauf experimentiert werden kann. Ein weiterer Höhepunkt ist das mehrstöckige Piratenschiff, das auf seiner Weltumseglung auf Ober-Ingelheimer Grund gelaufen scheint. Matros*innen klettern den windschiefen Mast empor, während der*die Kapitän*in am Bug nach fernen Ländern Ausschau hält. Hängematten laden zu einem Nickerchen „auf hoher See" ein. Schließlich kann man sich mit der rasanten Seilbahn über gefährliche Fantasiesümpfe schwingen, in denen Krokodile und Piranhas lauern.

Wer mit seinen Kindern auf dem Selztal-Radweg oder dem Wanderweg „Selztal-Runde" (s. S. 184) unterwegs ist, kann auf dem Piratenspielplatz eine ideale Pause einlegen. Durch die ebene Gestaltung können auch die entfernteren Spielbereiche problemlos mit den Rädern, aber natürlich auch mit Rollern oder Kinderwagen erreicht werden. Und wenn der Magen grummeln sollte: Das Restaurant in Wasems historischem Kloster Engelthal (Edelgasse 15, s. S. 100) liegt nur wenige Meter entfernt.

TIPP: *Zwischen Spielplatz und Kloster Engelthal steht das idyllische Ohrenbrücker Tor, dessen erste Erwähnung bis ins 13. Jahrhundert zurückreicht.*

Am Ochsenborn
Buslinie 612, Haltestelle Ober-Ingelheim, Ohrenbrücke

86

Dolce Vita
Das Freibad am Blumengarten

Um das süße Leben zu genießen, müssen die Ingelheimer*innen nicht in den Süden reisen: Sommerliches Urlaubsfeeling stellt sich direkt vor der Haustür ein. Das Freibad am Blumengarten, das von Mai bis September geöffnet hat, ist schnell und unkompliziert mit dem Rad oder per Bus zu erreichen.

Ab etwa 1900 kühlten sich die Ingelheimer*innen im Rhein am Frei-Weinheimer Strandbad ab (s. S. 162). Doch Haushalts- und Industrieabwässer verschmutzten den Fluss Mitte des 20. Jahrhunderts dermaßen, dass ein Bad im Rhein gesundheitsgefährdend wurde. 1966 wurde daher das Hallen- und Freibad „Am Blumengarten" errichtet, an das sich viele Ingelheimer*innen mit Nostalgie zurückerinnern. Seit seinem Abriss 2003 befindet sich an dieser Stelle das städtische Freibad, das nun modernen Badespaß in drei Pools bietet. Im Kleinkinderbecken mit Sonnensegeln können die kleinsten Besucher*innen gefahrlos planschen. Von der angeschlossenen Liegewiese behalten Eltern ihren Nachwuchs stets im Auge. Auch wenn der gerade eine Wasserpause benötigt und lieber über die angrenzenden Spielgeräte turnt. Mehr Action verspricht das dahinter liegende Erlebnisbecken. Nichtschwimmer*innen starten hier ihre ersten Schwimmversuche. Doch neben Wasserpilz, sprudelnden Geysiren und Steilrutsche zieht vor allem die offene Riesenrutsche große wie kleine Wasserratten an. In rasanten Kurven jagen die Rutschenden durch den 50 Meter langen Kanal, um nach aufregenden Sekunden jauchzend, spritzend und mit klopfendem Herzen im Pool zu landen. Das größte Becken des Ingelheimer Freibads ist für geübte Schwimmer*innen reserviert. Wenn auf den sechs 25-Meter-Bahnen des Sportpools Schwimm- oder Tauchstile trainiert werden, stehen Ausdauer und Technik auf dem Prüfstand. Und wer traut sich, den Sturzflug aus fünf Metern Höhe ins kühle Nass zu wagen?

Zum Relaxen steht eine riesige Liegewiese zur Verfügung, an die Beachvolleyball- und Soccerfelder angegliedert sind. Ein Highlight: Im Ingelheimer Freibad kann man sich mit hausgemachter Pizza stärken. Luigi Negro, der seit 1975 das italienische Ristorante betreibt, und seine drei Kinder kümmern sich mit viel Charme um das kulinarische Wohl der Freibadbesucher*innen. Wasser, Sonne und echt italienische Leckereien – Herz, was verlangst du mehr?

Im Blumengarten 40
www.ingelheim.de/freizeit-sport/schwimmbaeder
Buslinien 613, 619, Haltestelle Blumengarten

87

Gesucht: Der Mörder von Rudolf Reblaus

Krimiwanderung durch die Weinberge

Ein toter Winzer am Fuß des Bismarckturms – und sofort nimmt die „Soko Selztal" ihre Arbeit auf. Doch die Ermittlungseinheit besteht nicht aus ausgebildeten Kripobeamt*innen, sondern aus abenteuerlustigen Amateurdetektiv*innen, die während der rund sechsstündigen Wanderung immer wieder neue Hinweise erhalten oder rätselhafte Fundstücke entdecken.

Die Krimiwanderung durchs Selztal wird seit 2018 von „Tour Original" angeboten und wurde speziell für Ober-Ingelheims Landschaft und Geschichte entwickelt. Anders als beim bekannten Krimidinner, muss keiner der Wandernden in die Rolle der eifersüchtigen Geliebten oder des habgierigen Immobilienhais schlüpfen. Statt schauspielerischem Ehrgeiz ist zur Aufklärung des Todesfalls kreativer Ideenreichtum gefragt. Je mehr in der „Soko Selztal" gemeinsam gerätselt wird, umso besser – weshalb sich die Krimiwanderung bestens für Teamevents eignet.

Strammen Schrittes geht es die Weinberge hinauf und hinunter. Die Wandergruppe passiert während ihrer Grübeleien Weinreben und Trockenmauern aus lokalen Kalksteinen, die einem Bonmot zufolge im fruchtbaren Boden Ingelheims „wachsen". Man fragt sich schnell, warum man diesen traumhaften Ausblick nahezu für sich alleine hat. Denn den Hobbydetektiv*innen öffnet sich ein atemberaubendes Panorama vom Mainzer Berg über den Westerberg bis in den Rheingau und ins Binger Loch, während Ingelheim zu ihren Füßen liegt. Lediglich Schmetterlinge oder Salamander kreuzen den Weg. Und bisweilen ein Hund auf ausgedehnter Gassitour.

Gekrönt wird die Krimiwanderung mit einem Picknick im Grünen, bei dem sich die „Soko Selztal" mit einem Gläschen Ingelheimer Wein stärkt und lebhaft ihre neuesten Mordtheorien diskutiert. Erst ganz am Schluss der Veranstaltung, die Rheinhessens prägende Kulturlandschaft mit Training für Körper und Geist kombiniert, folgt die überraschende Auflösung des Falls. Wer hätte tatsächlich vermutet, dass …

TIPP: *„Tour Original" tüftelt ständig an weiteren Kriminalfällen, bietet aber auch kulinarische Events oder Planwagenfahrten an.*

Start- und Endpunkt am Weingut Hamm, Bürgermeister-Bauer-Straße 1
www.tour-original.de/krimi-wanderung
Buslinien 613, 618, 640, 643, 75, Haltestelle Ober-Ingelheim, Marktplatz

88

Ein Fluss kämpft sich zurück zur Lebensader

Radeln und Wandern entlang der Selz

Alexandre Dumas (1802–1870), Autor von „Die drei Musketiere" und „Der Graf von Monte Christo", schwärmte 1846 von der Selz: „Obwohl es Tag und Nacht kein Halten gibt, […] ist der Sand in ihrem Bachbett so frisch, sind die Schilfhalme so biegsam, sind ihre Felsen derart gepolstert mit Moos und Steinbrech, dass nicht eines ihrer Strömungsgeräusche […] zu hören ist." Heute präsentiert sich die Selz weniger idyllisch. Der menschliche Eingriff in ihren natürlichen Verlauf begann bereits im 14. Jahrhundert durch den Bau von rund 40 Getreide- und Ölmühlen und fand seinen Tiefpunkt in der Flurbereinigung der 1960er-Jahre. Begradigt, verschlammt und ohne Flussauen, so floss die Selz von ihrer Quelle in der Nähe des pfälzischen Orbis durchs rheinhessische Hügelland bis zu ihrer Rheinmündung in Frei-Weinheim. Jahrzehntelang gehörte sie zu den am stärksten belasteten Gewässern in Rheinland-Pfalz. Seit 1990 kann das Flüsschen jedoch aufatmen: Das Selztal wurde zum Landschaftsschutzgebiet ernannt. Seitdem wurde die Selz an mehreren Stellen renaturiert, wie zum Beispiel auf dem Werksgelände des Pharmaunternehmens Boehringer Ingelheim. Zudem kümmern sich ehrenamtliche Bachpat*innen wie der Ingelheimer Angelsportverein Rheinlust regelmäßig um den Zustand „ihres" Selzabschnitts. Diese Initiativen sind mittlerweile von großem Erfolg gekrönt: Heute tummeln sich wieder Frösche, Libellen oder der dreistachlige Stichling in dem rheinhessischen Flüsschen!

Große und kleine Wander*innen können sich am Ufer der wiederbelebten Selz von der erholten Flora und Fauna überzeugen. Der rund sechs Kilometer lange Wanderweg „Selztal-Runde" führt von Ober-Ingelheim zur Großwinternheimer Eulenmühle (s. S. 120), wo in der „Eulenschänke" eine Erfrischungspause eingelegt werden kann, bevor der Rückweg angetreten wird. Radfahrer*innen und E-Biker*innen radeln über den „Selztal-Radweg" weitere fünf Kilometer nach Frei-Weinheim. Dort, wo sich die rheinhessische Lebensader Selz mit der europäischen Lebensader Rhein verbindet.

Beginn des Wanderwegs „Selztal-Runde": Westerhausstraße 8
www.ingelheim-erleben.de
Buslinie 612, Haltestelle Ober-Ingelheim, Ohrenbrücke

89

Sagenumwoben und zukunfts-fähig

Der Ingelheimer Stadtwald

Wer hätte vermutet, dass Faust seinen unheilvollen Pakt mit Mephisto im Ingelheimer Wald geschlossen hat? Zumindest verortete der Heddesheimer Schriftsteller Gustav Pfarrius (1800–1884) hier die entsprechende Szene seines Romans „Schein und Sein" (1863). Schauplatz des Teufelspakts war der Kandrich, mit 639 Metern die höchste Erhebung des Ingelheimer Waldes und heutiger Standort von 16 Windkraftanlagen und einem Sendemast. Ebenso geheimnisvoll wie der berühmteste Vertrag der deutschen Literaturgeschichte ist auch die Beziehung Ingelheims zu seinem 22 Kilometer (Luftlinie) entfernten Stadtwald im vorderen Hunsrück. Einer Sage zufolge soll das Waldstück ein Dankesgeschenk einer älteren Gräfin gewesen sein, die in Nieder-Ingelheim fürsorglich gepflegt worden wäre. Tatsächlich ist der Wald seit spätestens 1387 im Besitz der beiden Ingelheimer Gemeinden. Zuvor hatten die mittelalterlichen Könige die Wälder des Hunsrücks als Eigentum beansprucht. Schon seit der Römerzeit wurde das Waldgebiet vielseitig genutzt: zur Eisenerz- und Holzkohlegewinnung, zur Brenn- und Bauholznutzung und als Waldweide. Im Zuge der Industrialisierung im 19. Jahrhundert fand eine Umgestaltung zur Fichten-Monokultur statt. Doch schon seit über 20 Jahren wird das Gebiet sukzessive in einen ökologisch widerstandsfähigen Mischwald (vor allem Laubbäume) zurückverwandelt – und damit fit gemacht für das Klima von morgen. Viele Ingelheimer Schulklassen, Pfadfinder*innen oder Vereine engagieren sich in „ihrem" Wald, pflanzen Schösslinge, betreuen Nistkästen oder fällen den eigenen Weihnachtsbaum. Förster Florian Diehl lädt regelmäßig zu waldpädagogischen Programmen in das 2008 neu errichtete Jugend- und Freizeitheim „Emmerichshütte" ein. Die „Emmerichshütte" ist mit Outdoor-Pizzaofen, E-Bike-Ladestation und einem 1.200 Hektar großen Spielplatz bestens auf die Bedürfnisse moderner Waldabenteurer eingestellt. Und zwar „mitten in Ingelheim".

TIPP: *Die Waldgaststätte „Forsthaus Emmerichshütte" lockt mit einer großen Terrasse und selbst gebackenem Kuchen.*

Emmerichshütte (Daxweiler)
www.ingelheim.de/freizeit-sport/stadtwald
Leider nicht mit dem ÖPNV erreichbar.

90

Ein kleines Bullerbü
Die Kinder- und Jugendfarm

Ein Hauch von idyllischem Landleben und kindlicher Freiheit weht über das Gelände der Kinder- und Jugendfarm. Fast scheint es so, als hätte Astrid Lindgren ihre kleinen Protagonist*innen aus Bullerbü in die Ingelheimer Ferien geschickt. Britta, Lisa und Lasse bauen im Wäldchen ein Geheimversteck. Ole sitzt mit seinem Hund Swipp am Lagerfeuer und backt Stockbrot. Inga und Bosse füttern währenddessen die Schafe und striegeln die Ponys.

Auf der 2012 eröffneten Kinder- und Jugendfarm am Fuße des Westerbergs darf jedes Kind so sein, wie es ist. Über Alters- und Sprachgrenzen hinweg, finden sich schnell gut gelaunte Spielkamerad*innen, mit denen nach Herzenslust gewerkelt, gesungen, geklettert, gekocht oder einfach nur getobt werden kann – ohne dass sich empfindliche Ohren am fröhlichen Jauchzen stören. Dabei steht das sinnliche Naturerlebnis immer im Vordergrund. Unter fachmännischer Anleitung entwickeln die Kinder und Jugendlichen ein ökologisches Verantwortungsbewusstsein, erlernen den kompetenten Umgang mit Feuer ebenso wie die Pflege von Obstbäumen. Vor allem das sorgsame Kümmern um die farmeigenen Tiere (Schafe, Ponys, Bienen, Hühner) ist bei den kleinen Besucher*innen beliebt.

Die Farmaktivitäten werden größtenteils durch das ehrenamtliche Engagement des gemeinnützigen Trägervereins sowie durch Geld- und Sachspenden gestemmt. Es gehört zum erlebnispädagogischen Konzept, dass die Ausstattung von den kleinen und großen Nutzer*innen selbst gestaltet wird, sodass stetig neue Astschaukeln oder bunt bemalte Bauwagen in den Naturspielplatz integriert werden. Geduld und Kreativität sind auch gefragt, da die Farm nicht ans städtische Strom-, Wasser- oder Kanalisationsnetz angeschlossen ist.

Mehrmals im Jahr findet, zum Beispiel mit dem Schafschurfest zu Pfingsten oder dem Saisonabschluss im Herbst, ein festes Programm statt, doch lässt die Kinder- und Jugendfarm vor allem Raum für eigene Ideen. Ganz nah an der Natur, können die Kinder und Jugendlichen hier mitgestalten, mit Kopf, Herz und Hand lernen und ihrer Abenteuerlust freien Lauf lassen. Ein kleines Bullerbü eben …

Feldweg gegenüber Waldeckstraße 3 (50 Meter Fußweg)
https://diefarm-ingelheim.de
Buslinie 612, Haltestelle Ober-Ingelheim, Ohrenbrücke

91

Mit Sonnenschein und Wasserdunst

Die renaturierte Bleiche in Wackernheim

Nur einen Steinwurf entfernt von der Hauptdurchgangsstraße verzaubert eine ruhige Oase. Doch bis weit ins 20. Jahrhundert hinein herrschte rege Betriebsamkeit: Hier bleichten die Wackernheimer Frauen die Wäsche. Dafür wurden die verschmutzten Textilien nach dem Waschen nass auf dem Gras ausgebreitet. Bei der „Rasenbleiche" entstanden durch Sonnenstrahlen, Wasser und Sauerstoff aus den Gräsern kleine Mengen Wasserstoffperoxid: Dies zerstörte die Farbpigmente des ungeliebten Flecks. Auch frisch gewebte Stoffe aus Leinen-, Hanf- oder Baumwollfasern verloren so ihre ursprünglich gelbliche bis graubraune Naturfärbung. Dafür musste die Wäsche kontinuierlich feucht gehalten werden. Mit Gießkannen, gefüllt mit dem klaren Wasser aus den zwei Quellen, lief man geschäftig hin und her. Dazwischen blieb genug Zeit für den Dorfklatsch.

Als sich immer mehr Haushalte eine eigene Waschmaschine leisteten und künstliche Bleichmittel die traditionelle Rasenbleiche ersetzten, wurde das gemeindeeigene Gelände verpachtet. Das Quellwasser versorgte nun, in Rohre gefasst, die neu angelegten Becken einer kleinen Fischzucht mit Frischwasser. Um die Jahrtausendwende lag das Gelände jedoch brach, es schwammen längst keine Karpfen mehr in den Becken. 2017 beschloss Wackernheim, die 3.600 Quadratmeter große, ehemalige Bleiche zu einem öffentlichen Naturerlebnisgelände zu entwickeln und einen Teil unter Naturschutz stellen zu lassen. Dafür wurden die Betonbecken entfernt und 75 Tannen gefällt. Die beiden Quellen wurden wieder frei gelegt, damit sich ökologisch wertvolle Tümpel, Nass- und Feuchtflächen entwickeln können. Ein Bächlein schlängelt sich bereits von einer der Quellen zu einem natürlichen Teich, der Insekten, Amphibien und Vögeln ein neues Zuhause bietet. Der südliche Teil des Quellbiotops ist dem Naturerlebnis vorbehalten, im nördlichen Teil kann man der Natur beim eigendynamischen Zurückerobern zuschauen. Im sanierten Bleichenhäuschen gibt künftig eine Informationstafel Aufschluss über die Geschichte der Bleiche – und vielleicht grüßt eine Wandergruppe vom vorbei führenden „RheinTerrassenWeg".

Wirtschaftsweg hinter Mühlstraße 9 (Eckhaus),
nach 500 Metern kleiner Pfad links
Buslinien 619, 620, Haltestelle Wackernheim, Rathausplatz

Lindwurm durch närrische Gassen
Der Ober-Ingelheimer Fastnachtsumzug

Zur Fastnachtszeit steht die Ingelheimer Welt Kopf. Von Altweiberdonnerstag bis Faschingsdienstag wird ausschweifend geschlemmt, getanzt, gesungen und gefeiert. Bevor die österliche Fastenzeit beginnt, scheint an diesen sechs Fastnachtstagen (fast) alles Verbotene erlaubt zu sein.

Während die mittelalterliche Fastnacht auf den Straßen stattfand und von derben Späßen und groben Belästigungen geprägt war, entstand der moderne Vereinskarneval – inklusive Umzügen, Sitzungen und Parodieuniformen – in Köln und Mainz. Unter diesem Einfluss gründeten sich auch in Ingelheim Ende des 19. Jahrhunderts drei närrische Vereine: 1885 der Nieder-Ingelheimer „Carneval- und Sparverein Wäschbächer", 1898 der „Ingelheimer Carneval Verein" (ICV) in Ober-Ingelheim und 1900 der „Carneval-Verein Frei-Weinheim" (CVFW).

Von Beginn an organisierte der ICV einen kleinen Umzug quer durch Ober-Ingelheim, der aus reitenden Herolden, dekorierten Wagen, Winzer-, Bäcker- und Metzgergruppen, Musikkapellen und Prinzengarden bestand. Mittendrin lief 1901 laut Rheinhessischem Beobachter, der Zeitung für Ingelheim, das Vereinskomitee, „fleißig dem warmen Roten [= Glühwein] zusprechend". Doch in Kriegs- und Nachkriegszeiten konnte der Ober-Ingelheimer Fastnachtsumzug nur bescheiden stattfinden, oft fiel er komplett aus.

Erst 1971, als die rheinhessische Fastnacht einen neuen Aufschwung erlebte, erfuhr auch der Umzug durch Ober-Ingelheim seine Renaissance. Seitdem zieht er am Nachmittag des Fastnachtssonntags immer mehr Feiernde auf die Straßen zwischen Altegasse, Mühlborn, Selztalstraße und Bahnhofstraße. Mittlerweile nehmen über 60 Gruppen mit etwa 75 Zugnummern aus der gesamten Region am „Lindwurm" teil. Von aufwendigen, oft politisch-humorvoll geschmückten Wagen schallt dem jubelnden Publikum manch dreifaches „Helau" entgegen, das vielstimmig erwidert wird. Besonders eifrig beklatschen die Zuschauer*innen neben den mitreißenden Musikkapellen die fantasievollen Kostüme der Fußgruppen – und werden dafür mit Süßigkeiten und anderen Köstlichkeiten belohnt. Die närrische Freiluftparty ist für viele das Highlight im Ingelheimer Faschingskalender.

Ortskern von Ober-Ingelheim (für den Verkehr gesperrt)
www.icv-1898.de

93 Chillige Weinlounge unterm Sternenzelt
Burgberg under vibes

Per Fahrrad, zu Fuß oder mit dem kostenlosen Traktor-Shuttle – am letzten August-Wochenende lockt das junge Highlight unter den Weinfesten auf den Ober-Ingelheimer Burgberg. Vorbei an Reben voller Burgunder, spürt man hier die Burgvibes bis in die Fußspitzen. Für „Burgberg under vibes" haben sich fünf Ingelheimer Winzer*innen der neuen Generation zusammengeschlossen, um zeitgemäße Wege der Weinvermarktung zu gehen. Qualität und Humor, Stil und Lässigkeit verbinden die Weingüter Bettenheimer, Dautermann, Stritter und Wasem miteinander.

Im Weinberg nimmt man wie in einer Panorama-Lounge auf Heuballen, Picknickdecken, gepolsterten Weinkisten oder in den rustikalen DIY-Strandkörben Platz. Das kulinarische Spektrum jenseits der Weine und Seccos reicht von rheinhessischen Klassikern wie „Weck un Worscht" bis hin zu trendig-urbanen Rezepten wie Kartoffel-Gemüse-Waffeln mit Ziegenkäse und Gurkenkompott. Währenddessen laden die rhythmischen Vibes der DJs zum Entspannen, zu späterer Stunde auch zum Tanzen ein, überdecken jedoch nie manch fesselnde Unterhaltung oder das Kinderlachen auf der Strohhüpfburg. Geradezu magisch wird die Atmosphäre auf dem Burgberg, wenn die Sonne rot hinter den Weinreben untergeht, der Festplatz farbig illuminiert wird, am dunklen Himmel die Sterne leuchten und von unten Ingelheims Lichter funkeln. Manch verliebtes Pärchen ergattert eine der begehrten Hängematten, in denen sich der fantastische Ausblick besonders kuschelig genießen lässt. Die nachhaltig produzierten Hängematten stammen übrigens von dem Jugenheimer Unternehmen „La Siesta", das 2015 mit dem Sonderpreis „Fairer Handel" des Landkreises Mainz-Bingen ausgezeichnet wurde. Auch mit den gastronomischen oder kulturellen Partnern wie dem Ingelheimer „Coffee Bike" oder dem Filmsommer Mainz setzen die Organisatoren von „Burgberg under vibes" auf regionale Netzwerke. Und das kommt nicht nur bei den begeisterten Besucher*innen hervorragend an: 2017 wurde dem außergewöhnlichen Weinerlebnis das Qualitätssiegel „Rheinhessen ausgezeichnet" verliehen.

TIPP: *Heimliches Highlight ist der Rückweg des Traktor-Shuttles, bei dem man unterm Sternenhimmel gemütlich durch die nächtlichen Weinberge ruckelt.*

In den Weinbergen oberhalb der Burgkirche
www.bergundervibes.de
Buslinien 613, 618, 640, 643, 75, Haltestelle Ober-Ingelheim, Marktplatz

Eine bunte Party der Kulturen
Das Freundschaftsfest „IngelHEIMAT"

Alle zwei Jahre verwandeln sich die Straßen rund um den Sebastian-Münster-Platz für einen Septembertag in eine fröhliche und farbenfrohe Party, die Ingelheims Vielfalt feiert. Ingelheims Geschichte wird von Beginn an durch Migration geprägt. Allein im Laufe der letzten 2.000 Jahre ließen sich hier römische Gutsbesitzer ebenso nieder wie friesische Händler, byzantinische Adelige oder napoleonische Soldaten. Der im rheinhessischen Nackenheim geborene Schriftsteller Carl Zuckmayer (1869–1977) verglich den Rhein anschaulich mit einer „Völkermühle" beziehungsweise mit der „Kelter Europas". Und noch heute lädt das ansässige Pharmaunternehmen Boehringer täglich Gäste und Neubürger*innen aus der ganzen Welt nach Ingelheim ein.

Aus diesen vielfältigen Biografien schöpft Ingelheim kulturelle Kraft. Bereits seit 1994 vertritt der Beirat für Migration und Integration die Interessen der Ingelheimer*innen mit Migrationshintergrund. 2009 wurde das städtische Migrations- und Integrationsbüro – als eines des ersten in Deutschland – gegründet. Gemeinsam mit weiteren, höchst aktiven Institutionen engagieren sich die Organisator*innen des Freundschaftsfestes für Toleranz und Chancengleichheit sowie für kulturelle, sexuelle und religiöse Freiheit.

Auf der großen „IngelHEIMAT"-Bühne präsentieren stolze Ingelheimer*innen ihr individuelles Talent, ob dies japanische Kampfkunst oder kenianischer Tanz, russische Folklore oder persische Liebeslieder sind. Rund 50 Zelte lokaler und regionaler Kooperationspartner*innen laden auf der Festmeile zwischen Bahnhof, Friedrich-Ebert-Straße und Binger Straße zu interkulturellen Begegnungen ein. Zwischen Ständen internationaler Köstlichkeiten und Workshops können sich die Besucher*innen über das wertvolle Engagement der Ingelheimer Hospizgruppe ebenso informieren wie über die Arbeit von „QueerNet Rheinland-Pfalz". Da Ingelheim seit 2015 zertifizierte Fair-Trade-Stadt ist, nehmen die Themen „Nachhaltigkeit" und „Fairer Handel" besonders großen Raum ein. Ingelheim feiert sich auf dem Freundschaftsfest selbst als bunte, lebenslustige Stadt, die ein achtsames Miteinander pflegt. Und dies darf ruhig jede*r sehen.

Sebastian-Münster-Platz
www.ingelheim.de/leben-soziales/migration-integration
Alle Ingelheimer Buslinien, Haltestelle Bahnhof Ingelheim

95

Königlicher Glanz
Die Krönungszeremonie der Rotweinkönigin

Dutzende Luftballons steigen auf. Jahrgangsfahnen werden geschwenkt. Der Spielmannszug der Freiwilligen Feuerwehren Götzenhain/Offenthal musiziert. Kinder jubeln und Eltern klatschen, wenn die scheidende Rotweinkönigin ihrer Nachfolgerin die mit Reben verzierte Krone aufs Haar setzt. Vom Balkon des Alten Rathauses Ober-Ingelheim grüßt die aufgeregte neue Rotweinkönigin ihre „Untertanen", die sich freudig auf dem Marktplatz drängen, um einen Blick auf den jungen Hofstaat zu erhaschen.

Von nun an repräsentieren die strahlenden Weinmajestäten für ein Jahr die Rotweinstadt Ingelheim in kulturtouristischen Belangen. Gleichzeitig markiert die Krönungszeremonie am letzten Septembersamstag die Eröffnung des Rotweinfestes. Für neun Tage ziehen Weingenuss und Lebensfreude auf das Festgelände rund um die Burgkirche ein.

Im September 1932 und 1935 veranstaltete Ober-Ingelheim erstmalig zwei kommerzielle Winzerfeste. 1947 wurde diese Weinfestidee wieder aktiviert – und wurde von Jahr zu Jahr erfolgreicher. Bald ersetzte das Rotweinfest die alte Tradition der Ober-Ingelheimer Jost-Kerb, bei der 400 Jahre lang der Herbstbeginn mit Musik, Tanz und Spaß gefeiert worden war (s. S. 52).

Die 1947 erstmalig gekrönte Ingelheimer Weinkönigin avancierte direkt zum Publikumsliebling. Während ihrer Amtszeit wurde Ruth I. vom römischen Weingott Bacchus sowie von Weinnixen begleitet. In den folgenden Jahren standen den Rotweinköniginnen ein Hofmarschall sowie Festdamen und Blumenmädchen in wechselnder Zahl zur Seite. Mittlerweile wird die Rotweinkönigin im roten Festgewand von zwei grün gekleideten Prinzessinnen unterstützt. Während der Hofstaat früher vor allem jung und unverheiratet, hübsch und anständig sein sollte, wurde im Laufe der Jahrzehnte seine Weinexpertise immer wichtiger. Heute fungieren die Majestäten als professionelle Ingelheim-Botschafterinnen in ganz Deutschland sowie in den internationalen Partnerstädten. Das neuntägige Rotweinfest zieht auch viele auswärtige Gäste an. Doch während der fröhlichen Krönungszeremonie feiern sich die Ingelheimer*innen als Rotweinstädter*innen vor allem selbst – ein wenig Lokalpatriotismus muss manchmal sein.

Marktplatz Ober-Ingelheim
www.ingelheim-erleben.de/rotweinfest
Buslinien 613, 618, 640, 643, 75, Haltestelle Ober-Ingelheim, Marktplatz

96

Ein Hoch auf den Herbst!
Das Erntedankfest in Heidesheim

Erntedankfeste werden in der römisch-katholischen Kirche bereits seit dem 3. Jahrhundert gefeiert. Gleichzeitig ist ihr Grundgedanke – regionale Ernteprodukte dankbar wertzuschätzen – höchst zeitgemäß. So schwelgt der gesamte Stadtteil Heidesheim am ersten Oktoberwochenende in der bunten Fülle des Herbstes. Ob blaue Trauben oder orangene Kürbisse, weizengelbe Ähren oder weinrote Dahlien – viele Heidesheimer*innen schmücken ihre Fensterbänke oder Hauseingänge zum traditionellen Erntedankfest aufwendig. Sogar manch kunstvoll gebundenes Heumännchen oder -weibchen grinst die vorbeischlendernden Spaziergänger*innen an.

Der Höhepunkt des Heidesheimer Festkalenders beginnt bereits im September, wenn der neue Hofstaat feierlich gewählt wird. Schon seit 1948 begleiten eine Erntekönigin und ihre zwei Prinzessinnen die örtlichen Festlichkeiten, die mittlerweile vom „Förderverein Erntedankfest und Brauchtum in Heidesheim am Rhein" organisiert werden.

Während der atmosphärische Laternen- und Fackelumzug am Samstagabend noch ein lokaler Geheimtipp ist, zieht der farbenprächtige Festzug sonntagsnachmittags tausende Zuschauer*innen aus der gesamten Region an. Dicht an dicht steht das Publikum in den Gassen Heidesheims und jubelt einem der größten und bekanntesten Erntedankumzüge in ganz Deutschland zu. Auf den von historischen Traktoren gezogenen Wagen strahlen Sonnenblumen mit den Ernte-, Wein- und Blütenmajestäten aus der Umgebung um die Wette. Liebevoll dekorierte Motivwagen nehmen augenzwinkernd lokale Ereignisse auf, während herbstlich kostümierte Kindergartengruppen dem Publikum zuwinken. Kerbejahrgänge schwenken ihre traditionellen Fahnen und Spielmannszüge sorgen für den Rhythmus beim Klatschen.

Im Anschluss an den prächtigen Blumenkorso können sich die vielen Festteilnehmer*innen auf der „Schlemmermeile" stärken und über den Festplatz bummeln. Neueren Datums ist der amüsante Wettbewerb „Heidesheim sucht den Superkürbis", bei dem schon gewaltige Exemplare von über 100 Kilogramm prämiert werden konnten. Ein dankbares Bewusstsein für die üppige Fülle der Natur zu schaffen – dies gelingt dem Heidesheimer Erntedankfest jedes Jahr auf besonders lebensfrohe Weise.

Festplatz neben Kirche St. Philippus und Jakobus, Römerstr. 5
https://erntedankfest-heidesheim.de
Buslinien 614, 619, 620, Haltestelle Heidesheim, Freier Platz

97

Echte Skelette und kostümierte Geister

Halloween in Uhlerborn

Wenn zu Halloween kleine Hexen, Gespenster und Gruselmonster durch die Straßen Uhlerborns ziehen, dann kommen sie auch an drei 4.400 Jahre alten Gräbern vorbei. Bei Bauarbeiten im Jahr 1913 wurden diese jungsteinzeitlichen Skelette und Grabbeigaben (Glockenbecher, Bronzedolch) der ersten Uhlerborner*innen entdeckt. Am Vorabend des Ersten Weltkrieges war man gerade dabei, das dortige Waldgebiet abzuholzen und ein Munitionslager zu errichten. Auch während der folgenden 80 Jahre wurde das Uhlerborner Gelände militärisch genutzt. Zwischen 1918 und 1930 waren dort französische Soldaten stationiert; 1936 wurde eine Kaserne des NS-Reichsarbeitsdiensts gebaut. Im Laufe des Zweiten Weltkriegs waren auf dem Gelände außerdem polnische und russische Kriegsgefangene inhaftiert. Nach 1945 nutzte die US-Army das Gebiet unter anderem als Abstellplatz für Militärfahrzeuge. Ab Mitte der 1980er-Jahre wurden dort zudem 186 Reihenhäuser und Doppelhaushälften errichtet, sodass amerikanische Soldaten mit ihren Frauen und Kindern das „Uhlerborn Family Housing" bewohnten.

Nach Abzug der US-Streitkräfte 1997 wurden die einstigen Militärwohnungen modernisiert und deutschen Technikstandards angepasst. Als immer mehr junge Familien nach Uhlerborn zogen, schwappte zeitgleich das amerikanische Halloweenfest nach Deutschland. Zwar waren Gruselbräuche am Abend vor Allerheiligen bereits im katholischen Irland verbreitet. Doch entwickelte sich Halloween erst in den USA zur populären Kinderparty mit Kürbissen und Süßigkeiten, Monstern und bettelnden Geistern. Die Uhlerborner*innen, umgeben von Spuren US-amerikanischer Kultur, nahmen diesen Trend besonders freudig auf.

Und so versammeln sich die Nachbar*innen am Abend des 31. Oktobers um wärmende Feuerschalen, trinken Tee oder Glühwein und beobachten die vielen kostümierten, von Tür zu Tür ziehenden Kinder. In den Vorgärten und an den Hausfassaden werden Kürbisfratzen von Licht-, Geräusch- und Nebeleffekten schaurig-schön in Szene gesetzt. Und hinter manchem Gartenzaun versteckt sich ein aufwendig geschmiedetes Monster oder es grüßt ein grinsendes Skelett aus seinem Grab. Hoffentlich ist es nicht 4.400 Jahre alt …

Buslinien 619, 620, Haltestellen Uhlerborn, Walterslebener Str. oder Uhlerborn, Lennebergstr.

Kerzenschein und Kunstgenuss
Lichtblicke im November

Wenn die Tage kürzer werden, erstrahlt der historische Dorfkern von Ober-Ingelheim ein Novemberwochenende lang in romantischem Glanz. Früher unter dem Namen „Alle Gänse fliegen hoch" bekannt, sind die „Lichtblicke im November" seit 2001 ein frühwinterliches Muss.

Fackeltanz und Kerzenschein zaubern einen geheimnisvollen Schimmer auf wohlbekannte Wege. Mit dem orangefarbenen Plan zwischen den behandschuhten Fingern, zieht es die warm verhüllten Flaneure von Station zu Station. Wer sich lieber durch die verwinkelten Gässchen treiben lässt, findet den nächsten Gastgeber oder die Gastgeberin dennoch leicht, indem man nur den orangenen Fußspuren auf dem Boden zu folgen braucht.

Laternen mit orangefarbenen Kerzen leuchten den Weg zu sonst verborgenen Orten: stimmungsvolle Privathöfe, mittelalterliche Gewölbekeller oder illuminierte Wehrmauertürme. Dort erwartet die Besucher*innen Kunst, Kunsthandwerk und viel Selbstgemachtes. An den liebevoll dekorierten Ständen können bereits frühe Weihnachtsgeschenke erworben werden. Um glückliche Gaumen kümmern sich professionelle Gastronom*innen ebenso wie private Köch*innen, sodass das kulinarische Spektrum von der Martinsgans bis hin zu Kameruner Spezialitäten reicht. Doch vor allem die Kunst steht an diesem Wochenende im Vordergrund, denn Ingelheimer Künstler*innen präsentieren in kleinen Kabinettausstellungen ihre neuesten Arbeiten oder gewähren seltene Einblicke in ihre Werkstätten und Ateliers.

Auch für Kinder bieten die Martinstage winterliche Abenteuer, wenn sie nach einer historischen Erlebnisführung selbst Feuerspucken dürfen und über dem Lagerfeuer duftendes Stockbrot rösten. Nach Sonnenuntergang klingt Live-Musik aus den Toren der Weingüter, Hofreiten und aus der Burgkirche. Und wenn man sich dann noch einer Fackelführung durch die schönsten Winkel Ober-Ingelheims anschließt, wirkt das mittelalterliche Dorf in diesem Augenblick wie verzaubert.

Historischer Ortskern von Ober-Ingelheim
www.lichtblicke-im-november.de
Buslinien 613, 618, 640, 643, 75, Haltestelle Ober-Ingelheim, Marktplatz

Bezauberndes Weihnachtsdorf „Made in Ingelheim"

Der Weihnachtsmarkt an der Burgkirche

Während die Stadtbevölkerung bereits vor 500 Jahren über Nikolaus- oder Weihnachtsmärkte flanierte, ist dieser adventliche Brauch erst vor wenigen Jahrzehnten auf dem Land angekommen. Auch wenn der romantische Weihnachtsmarkt an der Burgkirche noch recht jung ist (seit 2005), lieben die Ingelheimer*innen „ihr" Winterwunderland dafür umso leidenschaftlicher. Mittlerweile zieht es Fans aus der ganzen Region an den letzten drei Adventswochenenden nach Ober-Ingelheim, um sich von der winterlichen Magie des Ortes verzaubern lassen.

Einem entzückenden Weihnachtsdorf gleich, verteilen sich die liebevoll geschmückten Holzbuden zwischen Weinbergen und Wehrmauern, zwischen Burgkirche und historischer Turnhalle. Mit stimmungsvoller Illumination, vielen Naturmaterialien, wärmenden Feuerstellen, dem Angebot an außergewöhnlichem Kunsthandwerk und einem nostalgischen Kinderkarussell setzen die Veranstalter*innen bewusst auf ein authentisches Kontrastprogramm zu bunt blinkendem Weihnachtskitsch. Ob Glühwein oder Orangen-Möhren-Ingwer-Suppe des Bistros Timorossi (Hammergasse 6), ob Wehrmauerführung oder Kita-Christbaum-Deko – hier ist fast alles „Made in Ingelheim".

Zu diesem stimmungsvollen Konzept gehört es auch, dass konsequent auf Weihnachtsliederdauerschleifen vom Band verzichtet wird. Dennoch ist das Festgelände stets erfüllt von weihnachtlichen Klängen, wenn Schulchöre auf der Freiluftbühne „In der Weihnachtsbäckerei" schmettern oder musikalische Lokalmatadore den Zuschauer*innen einheizen. Klassische Weihnachtskonzerte finden in der Burgkirche ihre ideale Akustik. Eine intimere Atmosphäre herrscht hingegen im Rosengärtchen, wo man zuweilen zarten Harfen- oder brummenden Dudelsacktönen lauschen kann. Währenddessen bieten die beiden benachbarten Adventscafés (Gemeindehaus der Burgkirche, Turnhalle der TUS 1848 Ober-Ingelheim) neben hervorragendem Gebäck ein gemütliches Plätzchen zum Aufwärmen bei frostigen Minusgraden. Wobei gegen kalte Hände natürlich auch ein dampfender Punsch helfen kann – der bei diesem Ingelheimer Fest der Weihnachtsfreude nochmal so gut schmeckt!

Festplatz an der Burgkirche
www.ingelheimer-weihnachtsmarkt-an-der-burgkirche.de
Buslinien 613, 618, 640, 643, 75, Haltestelle Ober-Ingelheim, Marktplatz

Register

Sie lieben Krimis? Wir haben jede Menge!

Walter Landin: Späte Schatten. Kommissar Lauers erster Fall

1984. Lauer, frisch gebackener Kommissar, gerade mal 25 Jahre alt, ermittelt in seinem ersten Mordfall: Der Kommunalpolitiker Klaus Weickert wurde in seinem Haus in Mannheim-Sandhofen erschlagen. Könnte es sich um einen Raubmord handeln? Und nicht um eine Poltische Abrechnung? Kommissar Lauer jedoch ermittelt auf eigene Faust weiter ... Dann aber kommt ein zweiter Obdachloser zu Tode – er wurde ertränkt: Kann es sein, dass alle drei Todesfälle zusammenhängen? Und dass späte Schatten aus dem ‚Dritten Reich' ins Jahr 1984 fallen? – ISBN 978-3-945782-42-2, 224 S., Broschur, 10 €

Tödlicher Glühwein. 21 Weihnachtskrimis aus der Pfalz

Hg. von Gina Greifenstein und Angelika Schulz-Parthu

Stille Nacht, heilige Nacht? Von wegen! Harmonie und Frieden unterm Weihnachtsbaum? Wers glaubt, wird selig! In ihren Weihnachtskrimis aus der Pfalz zeigen 21 Autorinnen und Autoren, dass auch zwischen dem ersten Advent und Silvester alte Rechnungen beglichen und neue aufgemacht werden.

Da trifft sich eine Freundesclique zum letzten Mal zu ihrer traditionellen Burgenwanderung – mit viel Glühwein! – im Pfälzerwald, in Groß-Bundenbach lebt zur Wintersonnwende ein altes Ritual wieder auf, während eine alte Dame im Spätzug ausgerechnet von einem Nikolaus überfallen wird und ein Ehemann in Barbelroth Haus und Garten in ein glitzerndes, blinkendes Weihnachtswahnsinnsland verwandelt. Psychologisch fein austarierte Tatabläufe treffen auf spontane Befreiungsschläge und manchmal auf die Falschen …

Die Tatorte sind Barbelroth, Flomersheim, Frankenthal, Groß-Bundenbach, Landau (4), Ludwigshafen (3), Neustadt (2), Nußdorf (2), der Pfälzerwald bei Leinsweiler, Speyer (2) und die Südpfalz (3).

ISBN 978-3-942291-80-4, 244 S., Broschur, 9,90 €

Vera Bleibtreu: Schöner sterben.
Tod eines Feng-Shui-Beraters

Die erfolgreiche Immobilienmaklerin Maike Just wird erschlagen aufgefunden. Kurz vorher ist der Feng-Shui-Berater Daniel von Wertkamp tödlich verunglückt: In einem seiner Autoreifen steckt ein Nagel – ein Unfall, was sonst? Aber seine Witwe besteht darauf, dass es Mord war. Mit der Beerdigung betraut die Witwe ihre ehemalige Klassenkameradin, die Mainzer Pfarrerin Susanne Hertz. Als kurz danach im Keller eines Gonsenheimer Hauses eine skelettierte Leiche gefunden wird, hat das Team um die Mainzer Kriminalkommissarin Tanja Schmidt jede Menge Arbeit: Kann es wirklich sein, dass alle drei Fälle zusammenhängen?!?

Ausgerechnet der Steinsarg von Bischof Erkanbald im Alten Dom St Johannis bringt Tanja Schmidt auf die richtige Spur ...

ISBN 978-3-945782-55-2, Broschur, ca. 140 S., 10 €

Die Autorin

Nicole Nieraad-Schalke ist Ingelheimerin mit Leib und Seele. Nach Stationen in China und Südkorea kehrte die promovierte Kulturanthropologin 2011 in ihre Heimatstadt zurück. Seitdem begleitet sie Gäste auf charmante Zeitreisen und überraschende Mikroabenteuer durch Ingelheims Geschichte.

Die leidenschaftliche Kulturpädagogin ist Vorstandsmitglied des Historischen Vereins Ingelheim und Autorin kulturgeschichtlicher Texte. Zudem schlägt ihr Herz für die Bildende Kunst: Sie fungiert als Jurorin des Mainzer Kunstpreises und ist Vorstandsmitglied des Mainzer Kunstvereins Eisenturm.

Nicole Nieraad-Schalkes Motto lautet „Kultur muss knistern – wie Brausepulver, Wunderkerzen oder Badeschaum!" So vermittelt die zertifizierte Gästeführerin Erklärungen mit Tiefgang auf erfrischende Weise. Denn Kultur darf sinnvoll und gleichzeitig sinnlich sein.

www.kultur-muss-knistern.de

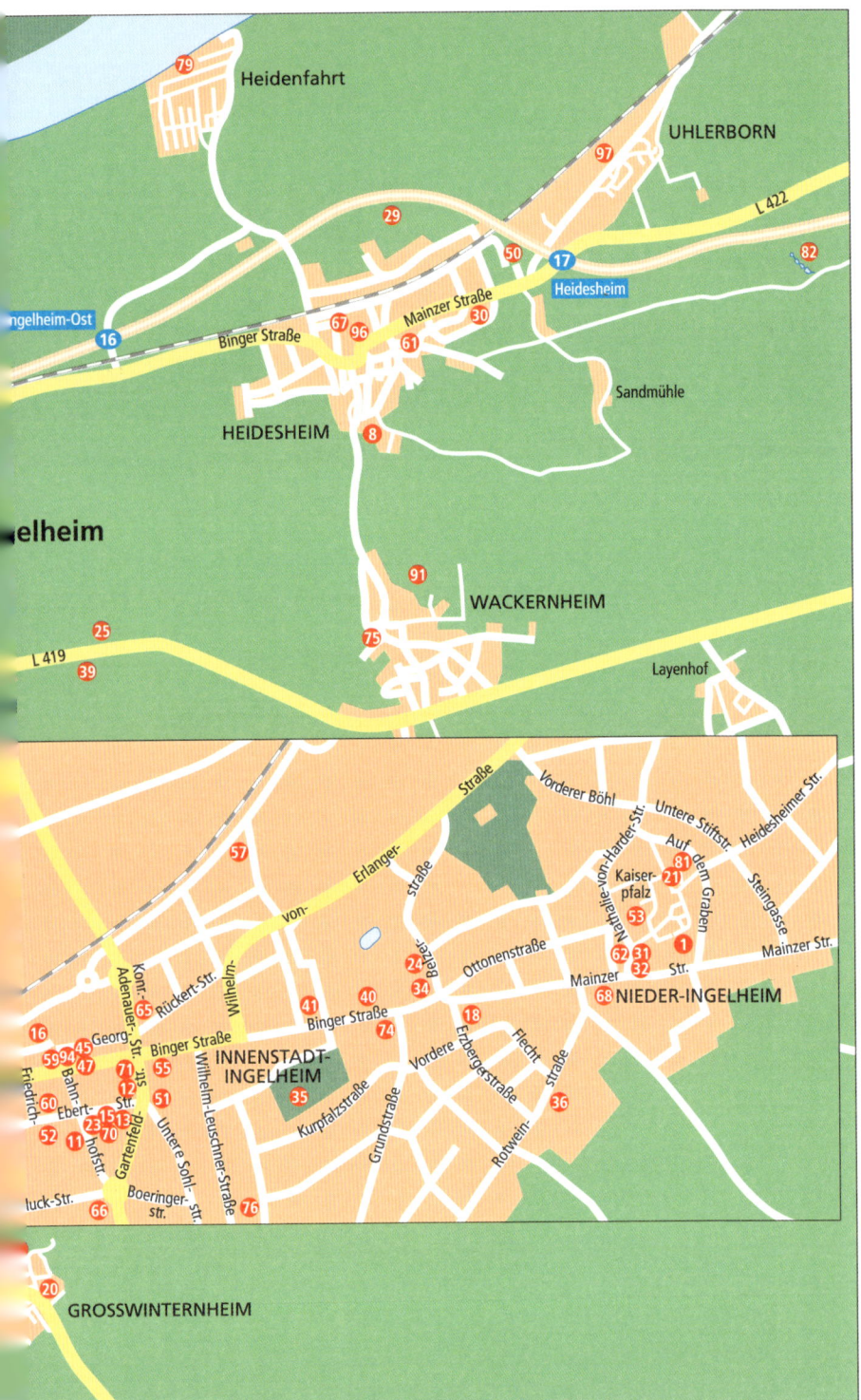